裸眼思考

目的や知識にとらわれず、
「ありのまま」を見つめよう！

株式会社学びデザイン
代表取締役
荒木博行

はじめに

　本書は、限られた時間の中で効率よくアウトプットを生み出すための「仮説思考」や「逆算思考」などの思考スタイルの限界を認識し、その限界をどうやったら乗り越えられるのか、という問いに向き合うものです。

　限界というのは、私自身がキャリア形成の中で身を持って感じてきたことでした。

　かつて自分で立ち上げた事業の責任者だった頃、私は常に逆算的に考えてきました。

　3ヵ月後の目標を達成するために、その目標を分解して、1ヵ月後にはそれぞれの数値をここまでにする必要があり、だからこそ、今はこれを優先的に取り組むべきだ、と。

　極めて合理的で効率的なアプローチです。

　しかし、その考え方はやがて壁にぶつかります。端的に言えば、仕事が苦しく、そしてつまらなくなってしまったのです。

　将来の目標の実現は、今の自分の行動にかかっている……というと聞こえは良いかもしれませんが、裏を返せば将来の目標に、現在の自分が拘束されている状態です。

　そのような、「未来のために現在を手段化する状態」を、山口周さんは著書『ビジネスの未来[※1]』において「インストルメンタル」と

[※1]　『ビジネスの未来』山口周／プレジデント社

いう言葉で表現されていました。

インストルメンタルな生き方は、極めて合理的な側面があります。しかしその一方で、将来の目標に関係ないことを考えることは無駄であり罪であると感じるようになることでもあります。

合理的なため一定の成果は出る。しかし窮屈感から逃れられない……。

このような感覚は、責任感が強く、目標に対するコミットメントが高い人ならば一度は陥ったことのある感覚ではないかと思います。

私はそのようにインストルメンタルな自分自身のあり方を楽しめなくなってしまったのです。

もっと持続的な思考モデルがあるはずだ……。そこで私が活路を見出したのが、ビジネス領域ではなく、哲学や歴史に代表される人文知と言われる領域の知見でした。

そこから得られたインサイトは、**相反する複数の思考モデルを自分の中に持ち、その状況に応じて使いこなす、あるいは組み合わせる**ということです。

ドイツの哲学者イマヌエル・カントが『純粋理性批判[※1]』において「感性」と「悟性」を組み合わせることで人間の認識能力の可能性を追求したように。

あるいは、今を生きるドイツ人アーティスト、ゲルハルト・リヒターが、「作為」と「偶然」を組み合わせて『ビルケナウ[※2]』という傑作を生み出したように。

[※1] 『純粋理性批判（上）（下）』エマヌエル・カント／筑摩書房
[※2] 『ビルケナウ』は、ドイツ人アーティストであるゲルハルト・リヒターによるアート作品。当初リヒターはアウシュヴィッツ強制収容所の絵を描いていたが、それを断念し、スキージという長いヘラを使った抽象画に仕上げた

そのようなプロセスを経て、私にとって必要なことは、素早く合理的に仮説検証ができるようなレンズをかけて深める思考（「レンズ思考」）と、そのレンズを外して裸眼で世の中を広く眺めながら考える思考（「裸眼思考」）という2つの思考モデルの組み合わせこそが重要だという気づきに至ります。

　そこからは意図を持って「裸眼思考」を鍛える日々でした。

　本書内で紹介する札幌での馬を使った人材育成「ホースローグ」へのかかわりや、北海道浦幌町における「うらほろアカデメイア」における第一次産業とのかかわりなども、その思考を促進してくれました。

　たとえば、目的に支配された会議の中に、どこか異なる空気の差分を感じ取ること。あるいは、通勤という目的で歩いている道でも、その目的に関係のない物や音を掴み取ること。

　抽象化してしまえば「日常」と語られてしまう凡庸な毎日に対して、この瞬間にしかない具体性を追い求めて生きることを心がけてきました。

　もちろん、そうは言っても、私にとっての利き眼は「レンズ思考」です。いまだに仮説ドリブンで逆算的に考えて合理的な動き方をする時間のほうが圧倒的に多い。「裸眼思考」の力はまだ弱いと言わざるを得ません。

　しかし、私は「レンズ思考」偏重だったからこそ、語れることがあります。

　たとえばアート界隈には、生まれつき「裸眼思考」が得意な人もたくさんいるでしょう。しかし、その人たちには、「レンズ思考」から「裸眼思考」へのトランジションを語ることはできないはずです。魚に泳ぎ方を聞いて答えられないように、生まれつき得意なことは言語

化することはできないのです。

　私自身が、限界を感じてから、この数年意図を持って開発してきたからこそ、言語化できることがあるのだ。そんな信念を持ち、この本を書きました。

・・・

　子どもといっしょに自然を探検するということは、まわりにあるすべてのものに対するあなた自身の感受性にみがきかけるということです。

　それは、しばらくつかっていなかった感覚の回路をひらくこと、つまり、あなたの目、耳、鼻、指先の使い方をもう一度学び直すことなのです。

・・・

　これは、レイチェル・カーソンの『センス・オブ・ワンダー[※1]』の好きな一節です。

　この一節の表現を借りるならば、私はレンズを外して、改めて目、耳、鼻、指先の使い方を学び直してきたと言えるでしょう。

　かつての私のように、既存の頭の使い方に疲弊感と限界を感じている人がいるとすれば、その目には「レンズ」がかかっているのかもしれません。

　そのレンズを外して、世の中を「裸眼」で見ることができれば、そこには、また新たな光景が広がるはずです。

[※1] 『センス・オブ・ワンダー』レイチェル・カーソン／新潮文庫

さて、本書では、ビジネスの現場において、いかにして「裸眼」で世の中を見つめ続けられるか、そのプロセスや実践方法を具体的に提示していきます。

第1部では、「レンズ思考」の限界と「裸眼思考」の必要性をお伝えします。

第2部では、「裸眼思考」とは何か、その正体と実践のプロセスを深掘りします。

そして、第3部では個人レベル、および経営レベルでの「裸眼思考」の実践事例をお伝えしていきます。

特に、第3部では具体的な実践例をまとめていますが、日常レベルから経営意思決定レベルまで、担当者から経営者まで、「裸眼思考」は多方面に応用が効くものです。その広がりを実感していただければ嬉しいです。

それでは、そろそろ本題に入りましょう。

この本を読み終える頃には、「裸眼」でもう一度世界と出会い直せているはずです。

裸眼思考　もくじ

はじめに …… 3

第1部 「裸眼思考」とは？

「目的病」とは何か？ …… 20

変化に気づかない「目的病」患者 …… 23

　　解説　「生存チャネル」と「繁栄チャネル」 …… 25

目的が上に、日常が下に …… 26

「目的病」の疾病リスク …… 28

　　コラム　目的病にかかっていた私の経験 …… 31

「知識病」とは何か？ …… 33

知的メタボリックの危険性 …… 36

仮説ではなく「固説」になっていないか? …… 39

　　コラム　アートの必要性 …… 41

「レンズ思考」と「裸眼思考」 …… 44

「レンズ思考」の頭の使い方 …… 47

「裸眼思考」の頭の使い方 …… 51

　　コラム　馬から学ぶ「裸眼思考」 …… 55

第2部 裸眼思考の3つのステップ

第1章 裸眼思考のステップ1 知覚

ステップ1：知覚 …… 62

機能していない知覚 …… 64

知覚するとは何か？ …… 66

知覚向上の3フェーズ …… 69

フェーズ1：「視覚（観察力）」を向上させる …… 70

　コラム　リーダー研修「うらほろアカデメイア」での観察トレーニング …… 73

「求心性モード」で観察する …… 75

　解説　「求心性モード」と「遠心性モード」 …… 77

「視界」を意識せよ──視覚を向上させる1 …… 78

「反復」せよ──視覚を向上させる2 …… 82

「孤独」で見ろ──視覚を向上させる3 …… 84

フェーズ2:「その他四感」を向上させる …… 86

コラム 脳知を身体知化させる …… 89

フェーズ3:「内受容感覚」を向上させる …… 92

私たちには全六感の知覚力がある …… 95

第**2**章 裸眼思考のステップ2　保留

ステップ2：保留 …… 98

「全能感」という副作用 …… 100

「ネガティブ・ケイパビリティ」という存在 …… 103

「問い」の壁をつくる …… 106

「二元論の切れ目」を問う …… 110

「保留」を選択肢の中に加えておく …… 113

システムの中にある「遅れ」を認識する …… 117

第 3 章　裸眼思考のステップ3　記憶

ステップ3：記憶 ⋯⋯ 122

「モヤモヤ」はすぐに忘却される ⋯⋯ 124

冷静な対話で記憶に残す ⋯⋯ 127

「単純化幻想」に陥らないために、「記憶」する ⋯⋯ 130

「レンズ思考」と「裸眼思考」を同時に使いこなす ⋯⋯ 133

第3部 裸眼思考 実践編

第1章 裸眼思考を日常的に実践する

転職検討×裸眼思考

場面01 ｜ 竹内はコンサルティング業界へ転職すべきか？ …… 138

志望業界に対してどのような姿勢で向き合ったか？ …… 140

自分の身体反応に着目せよ …… 142

問いを保留しながら行動する …… 145

ファシリテーション×裸眼思考

場面02 ｜ 宇野の会議進行は成功するか？ …… 147

「コントロール思想」の危険性 …… 149

入念に準備して、忘れる …… 151

　　コラム　演技論から見る「その場の空気」…… 154

目的を手放すからこそ、目的に近づける ····· 155

問いはしっかり保留せよ ····· 157

コラム　私のファシリテーションの失敗 ····· 159

社内アンケート×裸眼思考

場面03 | エンゲージメントスコアはなぜ落ちたのか？ ····· 162

「怒り」という度の強すぎるレンズ ····· 165

「without ジャッジメント」で聴く ····· 167

問いを保留し、記憶する ····· 169

私たちは竹刀の握り方を変えることができる ····· 171

第 **2** 章 ┃ 企業事例から見る裸眼思考

マクドナルド

仮説を捨てて観察せよ …… 174

18 時間ただ観察する

観察を通じて顧客を知覚せよ

解説 ジョブ理論 …… 177

P&G

顧客の言葉の中に入れ …… 179

文脈に入り込め

パタゴニア

経営者の知覚を組織に展開せよ …… 181

地球に優しくなかったコットン

オーガニックコットンの導入へ

社員全員が「知覚」する

「知覚の格差」を埋める

セールスフォース

ビジネスの根幹に「解けない問い」を置け …… 187

SaaSの誕生

カスタマーサクセスによる成長

メリルリンチの「事件」

問いを保留・記憶せよ

解けない問いを再定義する

おわりに …… 194

カバーデザイン　山之口正和(OKIKATA)

本文デザイン・DTP　荒井雅美(トモエキコウ)

校正　株式会社ぷれす

協力　坂田博史

第1部

「裸眼思考」とは？

「目的病」とは何か？

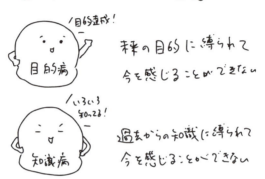

CASE あなたはこれから大事なクライアントとの営業アポイントが入っている。しかし、その約束の時間に間に合うためには、5分後に近隣の駅を出発する電車に乗らなくてはならない。一方、あなたは、駅までは普通に行けば10分かかってしまうオフィスにいる。

もちろんあなたはオフィスをすぐに出てダッシュするだろう。急げばなんとか間に合うはずだ。そして、改札を通りすぎ、ちょうど到着した電車に飛び乗ることに成功した。

あなたは車内でほっと一息つく。これに乗り遅れていたら、次の電車は15分後だ。間違いなく遅刻にしただろう。

あなたは肩で息をしながら、営業に向けて、何を言うべきかを頭の中でシミュレーションするのだった……。

さて、このわずか十数分の場面を振り返ってみましょう。

この時、あなたの目には何が映っていたでしょうか？　どんな匂いを感じていたでしょうか？

おそらく、目に見えていたものは、自分が走る駅までの道のりや改札、階段だけで、それ以外のものは何も見えていなかったはずです。

匂い？　そんなことを感じる瞬間はおそらくなかったでしょう。

あなたには、「5分後に出発する電車に乗る」という明確な目的があったからです。この強い目的意識は、その目的達成に関係のないものを全てノイズと見なし、シャットアウトします。どれだけ綺麗な花が道端に咲いていても目に入らないはずだし、その花が発するほのかな匂いにも気づくはずもありません。

おわかりの通り、この電車に乗るシーンは、私たちの日常に対する比喩です。

私たちは常に目的に囚われています。あなたがビジネスパーソンであれば、仕事における必達目標などがそれに該当するでしょう。

いつまでに何かを実現させなくてはならない……。

そんな期限つきの目的が上位概念として存在し、その目的に対して最も効率的な行動を取るように迫られる。もし駅までの道で、まだ発見されていなかったショートカットルートを発見できたら、それは評価されるでしょう。

より効率的な目的の実現につながるからです。

一方で、道端に咲いている花の種類をわかりやすく整理したとしても、それは評価されないどころか叱責の対象にすらなります。発車時刻が迫り来る時刻の中で、電車に一歩も近づかない行為は、非効率的で無駄なのです。

目的に即していれば、その行為は評価され、目的に関係なければそ

の行為は排除されます。全ての行為の上位に「目的」が置かれるような状態。全てに先行して「目的」が存在し、それに追い立てられるような状態。

これを私は「目的病」と名づけたいと思います。

責任ある立場の人は、多かれ少なかれこの目的病の罹患者の可能性があります。

もちろん立場を問わず、少ないリソースで大きなことを真剣に実現しようとしている人は、等しくこの目的病患者かもしれません。

罹患者はとても多いのです。

変化に気づかない 「目的病」患者

しかし、あなたは思うでしょう。

「いやちょっと待てよ、目的意識が強いことの何が問題なのだ」と。

もちろん、目的意識が強いことは素晴らしいことです。**しかし、目的病とは、その強さが度を超えた状態のこと。**

つまり、目的に全ての行動が支配されて、目的に追い立てられる状況に陥ってしまっている状態のことです。

ハーバード・ビジネス・スクールの名誉教授であるジョン・P・コッターは『CHANGE 組織はなぜ変われないのか』において、「現代社会において、多くの企業は『生存チャネル』が過熱している」と語りました。

生存チャネルとは、外部に脅威を感じることで、その存在に対して全神経が集中している緊張状態のことを言います。 目的に全ての意識が注がれている「目的病」とほぼ同義です。

この生存チャネルが過熱することの問題について、コッターの言葉を引用しましょう。

この状態になると、チャンスに気づいたり、冷静に、そして創造的に物事を考えたりする能力が低下する場合が多い。ましてや、あらゆる機会を逃さず、素早く行動を変えることはきわめて難しい[※1]。

[※1] 『CHANGE 組織はなぜ変われないのか』／ダイヤモンド社 P.36 より引用

先ほど例に出した「駅までのダッシュ」も、生存チャネルが過熱している場面でしょう。

　確かに、ダッシュの最中には、創造的に物事を考えることは難しい。そして過度に視野が狭くなっているために、変化に気づくのも遅れます。たとえば、実は電車が運転見合わせになり、電車がホームに停滞し、人の流れがタクシーの方向に動いていたとしても、駅のホームだけを目指してダッシュしている状態ではその変化に気づく可能性は低いはず。

　視野が極端に狭くなって、変化を感じる機能が閉ざされてしまっているからです。

　結果的に、ホームにたどり着くまでその事態に気づかないかもしれません。

　そう、**目的病にかかると、目的までの一直線のダッシュスピードは速くなりますが、視野が狭いために、小さな周囲の変化に気づけず、対応できなくなるのです。**

　だから、同じ環境下では効率的になるのですが、環境が変わった時の創造性はガクンと落ちてしまうのです。

解説　「生存チャネル」と「繁栄チャネル」

『CHANGE 組織はなぜ変われないのか』において、ジョン・P・コッターは、脳科学の研究を踏まえて、人間には2つのチャネルがあると定義しました。

1つは「生存チャネル」であり、絶えず脅威に目を光らせて、サバイバルのために視野を狭めて意識を外部の脅威に向けている状態です。

もう1つは「繁栄チャネル」と呼ばれるものです。

これは、脅威ではなく機会に目を光らせていて、好奇心によって視野を広げている状態です。

今日の組織は、変化を推進させていくために「繁栄チャネル」を活性化させるべきですが、「生存チャネル」の過熱がそれを妨げているとコッターは言います。

人間が持つ2つのチャネル

生存チャネル
生存を脅やかす脅威に全神経を集中している状態

繁栄チャネル
脅威ではなく機会に目が向いている。視野が開かれている状態

目的が上に、日常が下に

生存チャネルが過熱し、視野が狭まり、その視野に入らないものはノイズと見なし、目をつぶる。

しかし、後から気づくのです。本当に大切なものは、そのノイズと思われていた中にあったことに。

目的病にかかっている人の症状は、だいたいこういうものです。

仕事がうまくいっている時は全く気づきません。

目的からトップダウンで考えた行為が全てハマっているから、「効率的に仕事ができる人」「短期間で成果をあげられる人」という評価を受け、さらにトップダウンで考えるようになり、目的に対して合理的に動くスキルは向上していく……。

その裏側で、目的を手放して、目の前のことをありのままに感じる力は失われていくのです。

そして、トップダウンの意識が強くなると、目的が絶対的な上位概念となり、日常はその下位概念へと徐々に押しやられます。

たとえば、仕事に対する目的意識が強い人は、楽しいという理由だけで始めたジョギングも、やがて「走るといろいろな企画のアイデアが浮かびやすい」という位置付けに変わっていく。

子育てですら、いつの間にか「子育てからの学びは仕事に役立つ」という効果を語るようになる。

本来はそれ単独で存在していた日常の行為も、全ては強い目的の下に集約されていくのです。

「目的にとって、その行為は意味があるのか？」

　目的病にかかった人は、その許容範囲の狭い問いこそが唯一の価値基準となるのです。

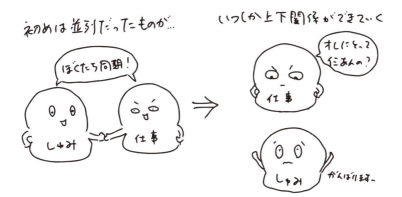

「目的病」の疾病リスク

目的に対してトップダウンで合理的に選択し続けることのリスクは大きくなっています。

なぜなら、世界の変化が激しくなっているからです。

今、世の中は先行きの見通しが立たない状況です。

私たちはつながりすぎているために、1つの些細な変化が連鎖的な反応を引き起こし、予測のつかない大きな変化に化けてしまう、そんな不安定な状態にあります。

蝶の羽ばたきくらいの些細な力でも、小さな連鎖が続けばその力もやがて嵐になる可能性を否定できません。

新型コロナウィルスがこれだけの影響を与えることを予想できた人はいたでしょうか?

このように、私たちの世界の先行きを見通すことはますます難しくなっています。

技術力が高まることで世の中をコントロールできるように感じること、もしくは予測できるように感じることがありますが、実態はその逆で、予想のつかない大きな変化の可能性は高まっています。

ビジネスデザイナーである濱口秀司氏が書いた『SHIFT:イノベーションの作法[※1]』においては、将来の不確実性をどう捉えるか、その見方が示されています。

[※1] 『SHIFT:イノベーションの作法』／ダイヤモンド社。濱口氏の思考モデルが余すことなく書き記された名著。電子版でしか入手できない

具体的には、不確実性が低いほうから順番に、
レベル１　予見できる未来
レベル２　パターンごとに読める未来
レベル３　方向性だけはわかる未来
レベル４　まったく何もわからない未来
の４段階の不確実性があるということです。

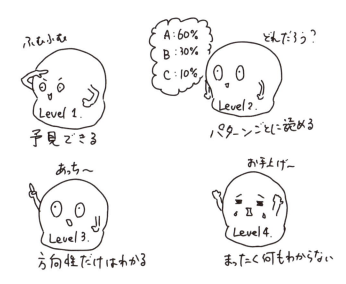

　直近で言えば、ロシアとウクライナの戦争が与えた影響はレベル４に近かったと言えるでしょう。
　ロシアがウクライナへ侵攻した2022年２月24日直後の動向を振り返ってみれば、あの時は何が起きてもおかしくなかった状況でした。
　それが徐々に方向性だけはわかるようになり（レベル３）、そしてパターンごとに読めるようになり（レベル２）、やがて予見可能性が高まってくる状態になりました（レベル１）。
　しかし、次の瞬間何がきっかけで軍事的な衝突が急拡大するかわからないということを考えれば、いつまたレベル４の不確実性に戻るこ

とになっても不思議ではありません。

　新型コロナも不確実性の経路を辿ったことはまだ記憶に新しいでしょう。2020年1月にニュースが報じられて以降、レベル4の状態に突入し、私たちの生活は混乱に陥りました。政府が打ち出す政策内容は私たちのビジネスに大きな影響を与え、戦略変更を余儀なくされた組織も多くあります。

　こう考えてみれば、わずか数年の間にも、何度もレベル4の不確実性の状態に陥っています。

　未来は予測可能だ、と言った瞬間にすぐにしっぺ返しがやってきます。

　だからこそ、将来の目的を固定して、トップダウンで合理的な打ち手ばかりを考えてもダメなのです。そのような思考モデルに意味があるのは、環境が安定的で、目的そのものに変化が起こらない時です。

　たとえば、3カ月単位の目標達成だけを考えるのであれば、逆算して考えてアクセルを踏んでいくことは引き続き有効かもしれません。しかし、もっと長期的な話になると、視野を狭めてアクセルを踏むことは、極めて危険な運転方法になります。

　その間に暴風雨が来て、見通しがきかなくなってしまう可能性があるからです。

| コラム | **目 的 病 に か か っ て い た 私 の 経 験** |

　ここで「目的病」罹患時の私の過去の実例を共有しましょう。私が以前、新規事業の責任者をやっていた時のことです [※1]。

　サービスのローンチのタイミングが決まり、私はそのタイミングに向けて、全ての時間とリソースを新規事業に注いでいました。

　ローンチに向けて必要な要件を逆算して考え、タスクに落とし込み、そしてそれを同時並行で一気に進めていく。

　オフィスにいる時間は、タスク完了に関係あるかどうかで判断し、関係ないものはとことん切り詰めていく。そんなスタイルは極めて効率的、効果的な仕事の進め方だと思っていました……。

　しかし、実際はそんなことはなかったのです。

　プロジェクトの途上で、「なぜこのタイミングで新規事業をやるのか？」という、そもそも論で躓いていたメンバーたちからの抵抗や反対を受け、サービスの検討を前に進められなくなってしまったのです。

　それもそのはず。企画していた段階から、取り巻く環境に少なからずの変化があり、既存事業に回帰してテコ入れするという選択肢も十分考えられるような状況に変わってしまっていたのです。

　たとえるなら、電車に間に合うように駅までダッシュしていたのですが、その先の道路が途中で交通事故によって通行止めになってしまっていたような状態。確かに走ることで物理的には進んでいたかもしれませんが、間違った道をダッシュしていただけなのです。

　あの時、私はどうすればよかったのでしょうか。

[※ 1]　あまりにも生々しい事象なので、あえてぼやかして書いていることをお伝えしておく

それは、走っている途中に、「決められた期限内に何が何でもビジネスをローンチさせる」という目的を手放して、もっと周囲の状態を感じることでした。

　そう、強い目的意識の下にメンバーの様子を見るのではなく、無目的に周囲を観察し、感じることが必要だったのです。

　強い目的は、常に現状を見る視野を規定します。目的にとって、現在の出来事に意味があるか、という問いかけに基づいて判断したくなります。しかし、目的から現状へというトップダウンの視野だけではダメなのです。目的を手放し、意味から解放され、現在いるその場所をありのままに感じる視野の存在が必要なのです。

　私はこの経験を経て、その必要性を強く感じました。

　振り返れば、不安で怪訝そうな面持ちで、私のプレゼンテーションを聞いていたスタッフの表情が目の端に映っていたことを思い出すことができます。しかし、その時の私はその表情を「ノイズ」として切り捨てました。

　なぜならば、期限内のローンチという目的に対してそれほど重要なことではないと判断したからです。そんなことで足を止めていては、まもなく発車する電車に乗り遅れてしまう。

　平たく言えば、目的に追われて焦っていました。

　しかし、焦っているがゆえに、視野の隅にあった大事なサインを受け取ることができなかったのです。

　今、目の前にあることに耳を澄ますこと。

　観察すること。

　感じること。

　そういう術を私は知らなかったのです。

「知識病」とは何か？

180度変わりうる社会の中で、度を過ぎると病となる症状がもう1つあります。

それが「知識病」です。

私たちは、過去に蓄積した知識をベースに判断をしています。
たとえば、中途採用面接の場面を考えてみましょう。

> **CASE** あなたの目の前には、三菱商事からハーバードMBAを経て帰国したての山本さんが座っている。なぜか我が社に興味があり、入社を希望しているようだ。
>
> 我が社に三菱商事OBはいたか？　自分に商社勤務の友だちはいるだろうか？　いるとすればどういう人間だっただろうか？
>
> 海外MBA卒は？　そういえば、ハーバードOBの誰かが書いた記事が新聞にあった気がする……。

このように、あなたは面接をしながらも、知識データベースに当たり、似たようなパターンの人物を数人思い出すでしょう。

そして、思い出した人物の印象は、山本さんの印象に大きな影響を与えるはずです。

「この手のキャリアのやつは要注意だ。過去に辞めた田中のように、我が社にうまくハマるやつはいない」といったように。

私たちは、何かを判断する場合、このように過去からストックしてある知識データベースの力を少なからず頼りにしています。
　もちろんデータベースにはそのものズバリ当てはまることはないかもしれませんが、データからある程度似たケースやパターンを発見し、目の前の事象への判断材料としています。
　いわゆる「パターン認識」というやつです。

　ある程度の経験を積み、データベースが整ってくると、このパターン認識が幅をきかせるようになってきます。
　ちょっと見聞きするだけで「あー、はいはい。あのパターンですね」と当たりがつくようになるのです。
　よく「採用すべきかどうかは15秒話せば判断できる」といったニュアンスのことを豪語するベテランがいますが[※1]、それはこの知識データベースが豊富で、判断の補助線となる類似パターンがすぐに見つかるということです。

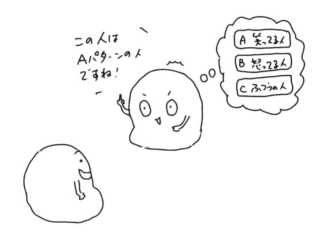

　これは一見素晴らしい能力のようにも見えます。
　しかし、過去のデータベースから何でも瞬時に判断できるという過

[※1]　その判断が実際に正しく機能しているのかは知らない

信こそが「知識病」の症状に他なりません。

　蓄積した知識が通用するのは、目の前の事象が、過去の延長線上にある時だけです。

　その時に、初めて過去の知識は意味を持つのです。

　しかし、前提が全く変わってしまっていたらどうでしょう？

　三菱商事やハーバードMBAという記号が持つ意味は、「優秀さ」という意味では変わらないでしょうが、どういう点で優秀なのか、という具体的な観点では一昔前と変わっているはずです。

　そして、あなたの会社の職場形態も「うまくハマらなかった」という当時から大きく変わっている可能性もあります。

　もしそうだとしたら、過去に得た知識というのはミスリードの材料になってしまう可能性があります。

　これだけ環境が日進月歩のスピードで変化している現在、その知識がいつまで同じ意味を保ち続けることができるのかという「知識の賞味期限」を慎重に吟味しなくてはならないのです。

　そして、何よりも注意しなくてはいけないことがあります。

　それは、知識に頼るということは、自分の認知リソースを過去の記憶に向けていて、「今ここ」に配分していないということです。

　つまり、「三菱商事」「ハーバードMBA」といった記号的知識のデータベースの探索に頭を奪われて、目の前の人物をあるがままに見ることができていないのです。

　目の前の事象に意識が向けられていないこと。

　あるがままに感じようとしていないこと。

　これは、「知識病」の罹患者が陥りがちな症状です。

知的メタボリックの
危険性

　この「知識病」のことを、外山滋比古氏は「知的メタボリック症候群」と呼びました[※1]。

　メタボリックは本来体型などに使う言葉ですが、外山さんは、知識が多くなりすぎて身動きが取れなくなっている状態のことを「知的メタボリック」と表現したのです。

　知識は取り入れれば取り入れるほど良いと考えがちですが、決してそうではありません。

　深い考察の末に得られた知識ではなく、中途半端に聞きかじったような知識は、まるで贅肉のような存在です。

　半端な知識をたくさん身につけることによって、身動きが取れなくなってしまうことや、誤解のために間違った方向に動いてしまうこともあるのです。

　起業家であり作家でもあるバリー・オライリーが書いた『アンラーン戦略[※2]』には、『Zen Flesh Zen Bones』にある「一杯のお茶」という寓話を通じて、知識の危険性をこのように指摘しています[※3]。

　──明治期の日本の禅僧である南隠のところに、大学教授が訪れ「禅」とは何かと尋ねた。

[※1] 『おとなの思考』外山滋比古／リベラル文庫 より引用
[※2] 『アンラーン戦略』バリー・オライリー／ダイヤモンド社。個人レベルのアンラーンではなく、組織・戦略レベルのアンラーンの手法が描かれているのが特徴
[※3] 同書 P.74 より引用

南隠は客人にお茶を供し、器にお茶がいっぱいになってもまだ注ぎ続けた。

　あふれてこぼれるお茶を見ていた教授は、とうとう我慢できずに言った。

「禅師、お茶はもういっぱいです。もう入りませんよ」

　すると、南隠は言った。

「お前さんはこの器と同じなんですよ。お前さんの心は自分の考えや意見で満ち満ちておる。まずはお前さんが自分の心の器をカラにしなければ、私がどう禅を語っても、わかってもらえるはずがないではないか」

　知識病というのは、この教授のように、器をカラにすることなく、常にいっぱいに満たしたままでいないと気が済まない状態なのかもしれません。

　私自身は、この知識病に何度も罹患したことがあります。

　つい先日もそれを痛感する出来事がありました。

　とある対談イベントで、ゲストをお招きした時のことです。

　そのゲストの方は、有名広告代理店所属で、実績あるコピーライターの方でした。さらに大学時代はアメフト経験者。

「あの代理店でコピーライター、そしてアメフト経験者……」私の中の中途半端な知識は、とある人格パターンを打ち出していました。

　そして、私はその記号情報でしか、その人を見られなくなっていたのです。言ってしまえば強いバイアスを持って対談に臨んでしまっていました。

　しかし、実際にお会いして、そのパターン認識は全くの間違いだったことに気づくことになります。いや、むしろ当初描いていた人物像

の真反対のキャラクターであり、私は戸惑いすら覚えるレベルでした。

しかし、当人からしてみたら、何に戸惑っているのか？　と感じたはず。その人にとっては抽象的な記号など無関係です。

その当人は具体的で固有の経験を持った存在でしかないからです。

この経験は、私自身がいかに大きな記号的情報に弱く、バイアスを持つ人間なのかを改めて痛感する機会となりました。

私はもっと自分を知識から解放しなくてはならなかったのです。

仮説が「固説」に なっていないか？

このような「知識病」にかかっている状態において、気をつけなくてはならない言葉があります。

それは「仮説」です。

仮説というのは、文字通り「仮の」説です。

つまり、まだ不確かだけれども一旦こういうことだとして考えてみよう、という仮置きのものです。

だから、違うことが発見できれば、その仮説は速やかに破棄して、また新たな説に立脚して世界を見直さなくてはなりません。

仮説とは、捨て去ることが前提にあるのです。

しかし、知識病にかかると、仮説を「捨ててはならない存在」として固定化していってしまいます。

豊富な知識のデータベースがあるために、「こうでなくてはならない、これが正しい」と思ってしまう。

仮説を検証することすら怠って、その仮説がいつしか固定化した状態を、この本では「固説」と命名することにしましょう。

仮説であれば、新たな事実を発見する度に世の中の見方は変わっていきますが、固説を持ってしまうと世の中は変わりません。もしその説に反する新たな事実が見つかった場合、その事実のほうが間違っている、と考え始めるのです。

その先に待ち受けているのは、「陰謀論」と言われるような、捻じ曲がった世界観です。

　陰謀論者は多くの固説を抱えている状態と言えるでしょう。抱えている固説のどれかが否定されてしまえば、ドミノ倒しでその世界は破綻してしまう。だからこそ、全てを固説化していくのです。その頑なな姿を私たちは笑うかもしれない。

　しかし、それはそんな遠い世界のことではないかもしれません。

　私たちも1つや2つ、固説化してしまった仮説があるはずです。

　たとえば身近な人の性格を、固定化して見てしまっていないでしょうか？　他者の性格は、いつまで経っても「仮説」にすぎません。

　しかし、下手に知識があると、「こういう性格の人だ」と決めつけてしまう。そうすると、その認識からズレるような行動をしても、その事実を曲げて解釈してしまうのです。

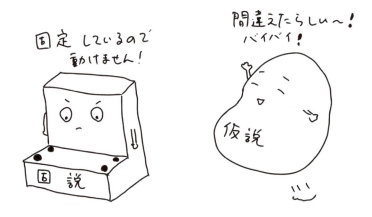

　私たちが持つことができるのは、せいぜい「確からしい仮説」までです。

　そして、どれだけ確からしくても、それに反する事実が見つかれば、捨て去るのみ。固説までは永遠にたどり着けないのです。

コラム　アートの必要性

　私が好きな現代アートに、AKI INOMATA 氏による「彫刻のつくりかた[※1]」という作品があります。

　これは、ビーバーがかじった木を並べ、展示したものです。遠目に見ると、一見仏像の彫刻群のように見えますが、近くによればそれは1つひとつ動物のかじった跡だということがわかります。

　これを見た人は必ず自問するでしょう。

「果たしてこれはアートなの？」と。

　私たちがいわゆる「アート」として思い浮かべる代表的なものは、たとえばモネやダ・ヴィンチなどの美術の時間に触れるような作品です。だから、私たちの多くにとって、アートとはあれらの作品のように「問答無用に美しく感じるもの」であり、「人間がある意図を持って作り上げたもの」という前提知識がすでにあります。

　しかし、「彫刻のつくりかた」は、かじられた木柱がランダムに並んでいるだけであり、直感的な美しさを感じるわけではなく、彫刻をした当事者は人間ではありません。さらに、その当事者（ビーバー）はアートの意図を持ってかじっていたわけではない。だから、私たちは戸惑うのです。「果たしてこれはアートなのか？」と。

　そして会場を後にする時、「美しいとは何か？」「アートとは何か？」という問いを持ち帰ることになるのです。

　現代アーティストであるグレイソン・ペリーは『みんなの現代アート[※2]』において、「美しさ」ということについてこう語ります。

[※1]　「六本木クロッシング 2022 展：往来オーライ！」に出展された作品
[※2]　『みんなの現代アート』グレイソン・ペリー／フィルムアート社

──私たちが美しいと考えるものは、美しさの本質を宿している
わけではなく、私たちが何かに感化され慣れてゆくことで、それを
美しいと認識しているだけなのだ。

　美しさとはつまり、既知の概念にさらなる安心感を与えてくれ
る、既視感のようなもの。

　それは、流動的な層の上に成り立つ構造物でしかない。

　つまり、美しさというのは、私たちが過去から学んできた「美し
さ」に関する知識があり、それに即しているものを美しいと判断し
ているに過ぎないということです。

　もしそうだとするならば、私たちは既存の知識の上に成り立つ
「教えられた美しさ」ではなく、「知識によらないゼロベースの美し
さ」というものを感じることはできるのでしょうか？　もし感じら
れるとしたら、その「ゼロベースの美」というものはどういうもの
なのでしょう？

　私たちは知識に覆われているから、知識をベースに「美しさ」を
自動判断することができてしまう。しかし、その美しさは、既存の
知識を取り去った先に感じることのできる「ゼロベースの美」とは
かけ離れたものなのかもしれません。

　私が美術館（とりわけ現代アート展）に足を運ぶのは、そんな知
識にあぐらをかいている自分に気づくためです。

　マルセル・デュシャンが男性用便器を横に倒してサインを入れた
だけの物体を、「泉」と名づけてアート作品として出展したように、
あるいはジョン・ケージが「4分33秒」という沈黙の音楽を作曲
したように、アートの歴史には常に既存の知識に対するアンチテー
ゼが含まれています。アートは、私たちが既存知識の世界に安住す

ることを許しません。

　私がアートを見に行く際に求めているのは、「ああ、美しかった」という感覚ではありません。自分が「レンズ」をかけていることに気づき、「裸眼」になることの必要性を再認識することにあります。

「レンズ思考」と
「裸眼思考」

さて、ここまでの話をまとめましょう。

私たちは「目的」と「知識」という2つの合理性に引っ張られて生きています。

言い換えれば、2つの強力なレンズを持っていると言えるでしょう。

1つは目的を置きながら、「未来への合理性」を見通すレンズ。もう1つは知識をベースにしながら、「過去からの合理性」を把握するレンズです。

たとえるなら、私たちは左には目的のレンズをかけ、右目には知識のレンズをかけて生活しています。

これらの2つのレンズの力によって、私たちは複雑な日常に対して余計なことを考えることもなく、シンプルに生きることができるのです。

だからこそ、ビジネスパーソンになった時、私たちはこのレンズをより良いものにするようにトレーニングを受けます。

「目的から今必要なことを逆算して考えて行動しろ！」

「過去の事象のパターンを踏まえて、仮説を立てて行動しろ！」

こんなトレーニングを受けた人は多いはずです。

このような「レンズ思考」が強力になればなるほど、未来と過去を

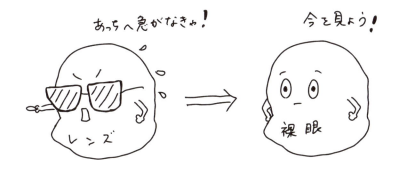

つなげてより合理的で効率的に動けるようになっていきます。

しかし、副作用があります。それは、レンズの度が強くなるほど、「今」をストレートに見ることができなくなるということです。

だから、私たちは時として両目にかかったレンズを外さなくてはなりません。

そして、目的からも知識からも解放された「裸眼」になって、今目の前にある風景をそのまま見つめることが必要なのです。

この「レンズ思考」と「裸眼思考」は、どちらかに優劣があるわけではありません。どちらも等しく重要なことです。

日常的にはレンズを装着し、ノイズを排除して合理的に世界を眺めてみることになるでしょう。

しかし、時に意図を持ってレンズを外して、あるがままの世界を体感する。**レンズ越しの視界と、裸眼の視界、それぞれを往復しながら、この世界を立体的に見ることが必要なのです。**

さて、それでは改めて「裸眼思考」とはどういうことでしょうか？
それは3つの側面から以下のように定義することができます。

1　意識：未来や過去に囚われることなく、現在に意識をフォーカスしていること
2　アクティブな部位：脳だけでなく、五感を使っていること

3 　意図：行動を意図するのではなく、物事を正しく理解することを
　　　意図する

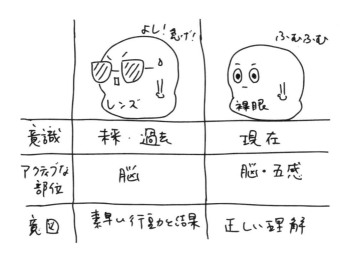

目的や知識は、いずれも脳の作用によって意識することです。

その作用を意図を持って弱めてみる。
そして、焦って行動することから距離を置く。その代わりに今目の前にあるものを五感のボリュームを高めて感じ取ってみるのです。

これが、「裸眼思考」の正体です。

「レンズ思考」の頭の使い方

では、実際にレンズ思考の場合の頭の使い方と、裸眼思考の場合の頭の使い方を具体的に比較してみましょう。

まずはレンズ思考から。

レンズ思考の出発点は、「目的」になります。

何を達成したいのか？　どんな問いの答えを出したいのか？　ということを認識することからスタートします。

ひょっとしたら、勉強熱心な職場なら、「イシュー」という言葉を耳にするかもしれません。その「イシュー」という言葉も、目的と同義と考えることができます。

つまり、無目的なままに走り出すのではなく、達成すべき目的を定義し、意識せよ、ということです。

目的を押さえたら、次は「仮説」です。

目的に対して、おそらくこれが答えになり得るだろうというパターンを1つ、多くても3つくらい用意します。

仮説を立案する際は、過去に得た知識が必要になります。知識のデータベースを総動員して、最適な仮説を導き出します。

仮説を立てた後は「検証」です。

仮説が正しいかを実際に確認してみるわけです。

たとえば、実際に話を聞いて確認したり、現場に行って本当にそうか見てみたり、内容に応じてさまざまな検証方法があるでしょう。
　しかし、実際にはこの「検証」はスキップされることもあります。仮説が強ければ、「おそらくこれだろう」「こうであるはずだ」という考えのまま、検証はスキップされます。

　そして、最後は「決断」です。
　目的に対して何が答えなのかを確認し、最終的に何をするのかを決めるわけです。

「目的」→「仮説」→「検証」→「決断」。
　おそらく、この流れに違和感を持つ人はあまりいないでしょう。

　この本を読んでいる皆さんは、おそらく普段からこの手の思考法のトレーニングを受けているはず。
　だから、何気ない日常行為においても、無意識にこの思考を実践していると思います。

　たとえば、スーパーマーケットで食材を買う時、「今晩はグリーン

「レンズ思考」の全体像

ステップ1
目 的

達成したいこと、答えを出したい
問いの存在を明確にする

ステップ2
仮 説

目的や問いに対する事前の答え
の想定を用意する

ステップ3
検 証

立てた仮説が本当に正しいかを
実際に確認する

ステップ4
決 断

目的に対する答えを最終確認し、
何をすべきかを決定する

カレーをつくる」というように、ある程度メニューを定めて、そのメニューに必要な食材の仮説を立てて、ピンポイントでその食材の売り場に足を運ぶかもしれません。

そして、野菜売り場に行き、グリーンカレーのための野菜を高速で見極めピックアップするわけです。

わずか数分の買い物作業。

この流れの中でも、目的から決断のプロセスを無意識で実行しているわけです。

「裸眼思考」の頭の使い方

これに対して、「裸眼思考」はどのような頭の使い方をするのでしょうか?

裸眼思考の出発点は、「知覚」です。

つまり、五感を通じて多くのことを感じることがスタートになります。

目的を持ってしまうと、目的に向かって最短距離を走ることばかりを考えてしまって知覚の回路が閉じてしまいます。目的を忘れて、とにかく今、目の前にあることを知覚すること。

これが裸眼思考の最初のステップです。

「知覚」の次は、「保留」です。

感じたことを感じたままに残しておくこと。性急に解釈することをせず、自分の中に余韻を残し、時間をかけて熟成・発酵させるのです。

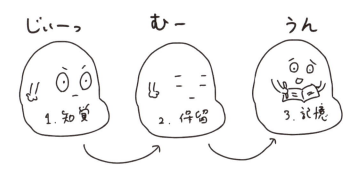

そして、最後に「記憶」です。知覚し、保留したものを最終的に解釈し、記憶、記録に残すこと。これが裸眼思考のゴールです。

つまり、このプロセスには行動は含まれません。動かずに、世界をじっと見つめて、記憶に残すだけです。

「知覚」→「保留」→「記憶」というプロセスでは、行動につながらない……という疑問を持ったかもしれません。

そうなんです。「裸眼思考」は行動することを意図しません。

行動からは距離を置き、じっくり世の中を把握するだけです。

その上で、必要な時にレンズをかけて「レンズ思考」をベースに高速で動くのです。

たとえば、先ほどお話ししたスーパーマーケットでの買い物の場面で「裸眼思考」を使うことを想像してみましょう。

裸眼思考の場合は、何時までに買い物を終えるとか、何のメニューをつくるとかを考えず、無目的にスーパーの中を歩き回ることから始まるでしょう。

どんな野菜が新鮮そうか、どんな肉が美味しそうか。

そして自分は今どのような気分なのかを五感を通じて感じるのです。その感覚をしばらく自分の中で遊ばせておきましょう。

おそらく、その間にも今まで目に入らなかったような多くの食材や調味料の発見があるはずです。

そして、気になる食材を記憶に留めておく。やがて、自分の中で何か欲求が湧き上がってくるでしょう。たとえば「今日は肉じゃがが食べたい」というような欲求に耳を傾けてみるのです。

そこからは「レンズ思考」です。肉じゃがという目的に対して、最適な売り場を回っていく。そこは「レンズ」をかけながら、効率的に

「裸眼思考」の全体像

ステップ1 知覚

私たちに備わった感覚器官を解放して、周囲にある存在を認知する

フェーズ1
「視覚」を向上させる

フェーズ2
「その他四感」を向上させる

フェーズ3
「内受容感覚」を向上させる

ステップ2 保留

知覚したことの解釈をあえて決定せず、宙ぶらりんの状態を維持しておく

重要なキーワード

ネイティブ・ケパビリティ	「問い」の壁をつくる	「二元論の切れ目」を問う

ステップ3 記憶

保留したモヤモヤを忘却せず、身体を活用して定着させる

重要なキーワード

文字に残す	冷静な対話	単純化幻想の罠

最短距離を動けば良いのです。

　このように、レンズをかける前に、時に裸眼になり、「知覚」→「保留」→「記憶」を通じて世の中を拡張していく。これが「裸眼思考」の本質です。

| コラム | 馬から学ぶ「裸眼思考」 |

　裸眼思考の必要性について、私は馬から教えてもらった側面があります。その時の体験について少し触れておきます。

　私は現在札幌にある「ピリカの丘」という牧場で、ホースローグ[※1]というアクティビティのプログラム・ディレクターを務めています。ピリカの丘は、私の知人である小日向素子さんが経営する牧場であり、私はその牧場にいる3頭の馬から多くのことを学んでいます。

　まず前提をお伝えしておきましょう。
　馬には「ミラー・ニューロン」という神経細胞の働きで、目の前にいる存在の内面を敏感に読み取る能力があると言われています。平たく言えば、馬の前では感情をごまかすことができないのです。
　たとえば、あなたが馬を目の前にして、内心では恐怖感を覚えているとしましょう。しかし、頭では「びびってはいけない」と理性的に考え、落ち着いた立ち振る舞いをしています。他者からは、とても冷静に振る舞っているように見えるかもしれません。しかし、馬にはそういう小細工は一切通用しません。身体反応が「怖い」というサインを至るところから発しており、馬はその反応を敏感に察知するからです。だから、馬はあなたがどれだけ冷静なフリをしていても、「びびっているやつ」と見なして挑発してきます。
　あなたは不思議で仕方ありません。
　「これだけ冷静に振る舞っているのになぜ？」と。

[※1]　ホースローグとは、スタンフォード大学医学部やスイスのIMDビジネススクールで提供されている、馬をコーチとする内省・行動変容プログラムに、東洋らしい考え方や感じ方、組織開発・コーチング技法などを掛け算した、ピリカの丘牧場独自のプログラムである

実は、これは私が最初に馬を目の前にした時の反応でした。「こう振る舞うべき」と頭の中で考えすぎていて、自分の身体反応に無頓着だったのです。しかし、馬にとっては身体反応が全てなのです。相手の発汗作用や動悸、呼吸、そういった些細な反応を読み取り、「こいつはびびっている」と理解します。

　こうやって馬に向き合い続けていると、自ずと自分の身体の言うことを聞こうというモードになってきます。それまでは、「自分を支配しているのは己の脳である」と思っていましたが、馬との出会いはその考えを変えてくれました。
　実は脳の作用こそが、この世界の見方を歪ませているのかもしれないのです。

　かつての私のように過度に「レンズ思考」よりの人は、たとえば馬を20メートル先まで連れていく、というアクティビティをした時に、多くの気づきを得るはずです。
　そのようなタイプの人は、馬をあちらまで動かすために必要な要素を逆算的に考え、インストラクターの動作を知識として蓄積しながら、合理的な行為を1つずつ実行しようとするのです。
　たとえば、まず馬の目を見て共感を示し、仲間であることを伝える。そして、自分の目先を進みたい方向に向け、歩みを始めていく。そうすれば馬はフォローしてくれる……このように、ゴールまでに必要なアクションを1つずつこなしていくわけです。
　しかし、そんなことは馬には一切通用しません。思考だけは回っているかもしれませんが、自分の身体は疎かになっています。身体で馬と向き合っていないのです。目は馬をしっかり見ていないし、触覚で馬の感情を読み取ることもしていない。思考が先走り、相手をロボットのように見なしているだけなのです。当然、そのしっぺ返しがきます。つまり、馬は一歩も動いてくれないのです。

56

ではどうすべきか？

馬を前にした時、私たちは未来や過去へと浮遊する「レンズ思考」を外さなければなりません。**目的も知識も手放し、馬の存在を身体を通じて感じ、そして身体を通じてやりとりしなくてはなりません**。

レンズを外して裸眼になれば、自分の身体反応に自ら気づくことができるでしょう。たとえば、「ちょっと呼吸が浅くて速いな」と。だとしたら、一旦心を無にして、呼吸に意識を注ぐことから始めてもいいのです。

「20メートル先に馬を連れていく」という大きな引力を持つ目的を一旦放置し、思考を保留する。そして自分の、そして相手の身体のメッセージを感じる。するとどうでしょう、見えてくる世界が全く変わってくるのです。馬の毛の生え方や目の動かし方、細かい筋肉の動き方など、今まで視界に入ってこなかった情報がたくさん入ってくる。

その時、私は初めて馬と全身を通じて対話している感覚を感じ取ることができました。馬を連れていくという目的への意識は薄れて、その時初めてまっすぐ馬と見つめ合い、身体で対話をしたのです[※1]。

もし相手が人間であり、そして自分が権力ある存在であれば、ここまで相手と向き合わなくても動いてくれるでしょう。頭でいろいろなことを先走って考えながら、言葉だけで指図をしても動いてくれます。

しかし、その時、大事なことを見逃している可能性があります。

[※1]　ちなみに本当に対話できたかどうかはわからない。実際にその後、馬がすぐに動いてくれたわけではない

たとえば、相手が発している些細な身体反応の情報です。目的や知識に引っ張られて、思考優位になり、感じることが疎かになっているのです。

「レンズ思考」が先走ることをあえて抑えて、裸眼になって世界を感じてみる。そうすれば、今ここで起きている変化に敏感に気づくことができるのです。これは私が馬から学んだ大切なメッセージです。

第2部

裸眼思考の3つのステップ

第1章

裸眼思考のステップ1

知覚

ステップ 1 | 知覚

> **CASE** あなたの会社は、これからHRにかかわる新たなシステムを導入しようと考えていた。そこで、ネットで検索して3社のシステムベンダーから提案を受けることとした。業界最大手のA社、ニッチながら専門性の高そうなB社、まだ名前も聞いたことのないC社である。狙いは価格が安い割に評判の高いB社だった。
>
> 「A社はクオリティは高そうだが、おそらく見積もりをもらう際、金額が見合わないはずだ。C社は知名度もないし、多分信頼できない会社だろう。B社の引き立て役として、頭数合わせとして一応呼んでおいて、ちゃんと比較検討をした形を残しておくか」
>
> これが事前にあなたが想定していた仮説だ。

> あなたは最適なベンダーを決めるという目的に対して、リサーチを踏まえてB社に狙いを絞った。後は提案現場でその検証をするだけだ……。

この状況で、最短距離で効率的に仕事をするのであれば、B社を前提に、B社のポジティブな側面を確認して意思決定することになるでしょう。

時間も限られるわけですから、目的と知識をふんだんに活用しながら、「レンズ」をかけて面談に臨むのが近道になるはずです。強力な「レンズ」をかければ、B社との面談で10分程度で決断できてしまうかもしれません。

でも、事前にわかることなんてたかが知れています。長く付き合う会社として、本当にどの会社が良いのか？　という観点を持ちながら、本来は一旦まっさらな視点で判断しなくてはならないはず。

しかし、実際にはレンズをかけてしまったために見逃してしまうこともあるのです。仮に、やがてB社のプロジェクトがうまくいかなくなったとしたら……、あなたはこの面談を後悔するでしょう。「もっとしっかりとした態度で面談に臨めばよかった」と。

ビジネスパーソンは、時間が限られているために、ついつい「レンズ思考」に頼りがちです。

しかし、こういう大事な意思決定のタイミングこそ、一旦「レンズ」を外して、「裸眼思考」を駆使する必要があるのです。

ここからは、裸眼思考の3つのステップ（知覚→保留→記憶）それぞれの詳細を深めていきましょう。

機能していない知覚

　それでは、裸眼思考の最初のステップである「知覚」に入りましょう。

　皆さんは日頃どこまで、知覚することを意識しているでしょうか？

　ここで一般的なオフィスワーカーの1日を振り返ってみましょう。

　朝起きてから、ちゃんと時刻通り電車に乗るという目的を達成できるように、あなたは最も効率的な動き方で支度をするはずです。

　関係ない情報はできるだけ知覚しないように、準備に集中しているでしょう。満員電車では周囲の音をシャットアウトして、自分の世界に閉じこもるかもしれません。

　出社したら、締め切りのあるスケジュールに追われる時間が続きます。今期の自分の目標も強烈に意識せざるを得ないでしょう。目標に対して一番無駄のないタスクは何か、常に考えることを求められます。

　ランチタイムはコンビニで買ってきたものを片手で頬張りながら、できるだけノイズをシャットアウトして、スケジュールに間に合うように仕事を進めていくことになるでしょう……。

　このように、「目的」と「知識」というレンズをかけながら、できる限り外側の世界で起きている刺激に左右されないようにして1日は終わっていくのです。

　こう考えてみると、私たちの裸眼的な知覚は機能していないことに気づきます。脳を使って考えることにリソースが集中していて、外の

変化を感じ取る「知覚」にはリソースが回っていないのです。

　視覚、聴覚、嗅覚、触覚、味覚、これらの感覚器官は基本的に閉じていて、本当に必要な時にだけ、必要な分に限って使われる。

　たとえば視覚。本当は普段のオフィスであっても、目を凝らして見れば、いつもと違うところが見つかるはずです。

「なぜあの人は今日あんなに焦った表情をしているのだろう？」
「あれ、いつも身だしなみを気にしているあの人の服装が乱れているのはなぜ？」
　しかし、こんなことは、基本的に自分のタスクには直接関係ないことです。だから、たとえそれが目の端に映っていたとしても見えていないことになります。

　自分の身体の状況はどうでしょうか？
　仕事中に、身体のどこかの部分に違和感を覚えていたり、痛みを感じていたりした時、そのサインをしっかり受け取っているでしょうか？
　痛い、苦しい、といったネガティブなことは、目的にとって障害になります。だから、常にポジティブであろうとする。ポジティブさは他者に元気を与え、目的へと近づきやすくなるからです。
　ゆえに、痛みや不快感という身体からのサインを歪曲してまでポジティブであろうとするのです。

知覚するとは何か？

　もちろん、私たちの五感は働いていないわけではありません。当然ながら、五感が働いていなければ、行動することはできません。

　しかし、知覚を機能させるというのは、そのレベルのことではありません。

　コナン・ドイル作の『シャーロック・ホームズの冒険 [※1]』における「ボヘミアの醜聞」に、ホームズとワトソンのこんなやりとりがあります。

・・・・・・・・・・・・・・・・・・・・・・・・・・・・・・・・・

「君はただ眼で見るだけで、観察ということをしない。見るのと観察するのとでは大ちがいなんだぜ。たとえば君は、玄関からこの部屋まであがってくる途中の階段は、ずいぶん見ているだろう？」
「ずいぶん見ている」
「どれくらい？」
「何百回となくさ」
「じゃあきくが、段は何段あるね？」
「何段？　知らないねえ」
「そうだろうさ。心で見ないからだ。眼で見るだけなら、ずいぶん見ているんだがねえ。僕は十七段あると、ちゃんと知っている。それは僕がこの眼で見て、そして心で見ているからだ」

・・・・・・・・・・・・・・・・・・・・・・・・・・・・・・・・・

[※1]　『シャーロック・ホームズの冒険』延原謙訳／新潮文庫版

ここで語られているのは、「眼で見る」"see" と、「心で見る" "observe" の違いです。これは「感覚」と「知覚」の違いと言ってもいいでしょう[※1]。

「感覚」とは、外部の刺激を目という感覚器官が受け取ること。

　一方で、「知覚」というのは、感覚器官が受容したものをどのように感じたか、という主観的認識を伴う作用です。

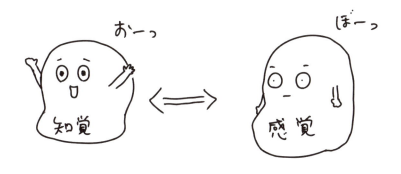

　この定義に従えば、ホームズが言った「眼で見る」とは「感覚」であり、「心で見る」というのは「知覚」です。

　つまり、感覚器官の動きに意識を向けること。これこそ「知覚する」ことなのです。

　ではなぜ「知覚」することが必要なのでしょう？

　それは、「感覚」は常にバグ（誤り）を含んでいるからです。

　たとえば、ものすごく疲弊している時や重たい荷物を持っている時に昇る17段の階段は、おそらく実際の段数より多く感じることでしょう。

　しかし、何か嬉しい出来事があった直後に昇る17段は、そこに段

[※1] 感覚と知覚の違いは、『知覚の正体』古賀一男／河出書房新社 を参考にしている

があったことすら忘れてしまうかもしれません。

そこにある階段はいつも17段です。しかし、感覚は常にその時の心理状態や身体状況に応じてバグを起こす。

だからこそ、時に「これは17段なのだ」と知覚することで、感覚のズレを正しておくことが重要なのです。

つまり、意図的に「知覚」することによって、日常的に使う「感覚」のズレを整えていくということです。

たとえば、「17段はこれくらいなのか」と知覚しておけば、他の階段を昇った時に、知覚しなくても、つまり数えなくてもだいたい何段なのかがわかるようになるでしょう。

放置されただけの「感覚」に依存するのは危険ですが、「知覚」によって整えられた「感覚」は、それだけで武器になるのです。

知覚向上の3フェーズ

では、知覚を向上させていくために意識すべきことは何でしょうか？

言うまでもなく、知覚は多くの感覚器官によって成り立っています。本書では、それを3つのフェーズに分けて整理しました。

その3つのフェーズとは、具体的に

フェーズ1：「視覚（観察力）」を向上させる
フェーズ2：「その他四感」を向上させる
フェーズ3：「内受容感覚」を向上させる

という知覚しやすいものから徐々に知覚しにくいものへと深めるプロセスになります。

ここからはこのフェーズを踏まえて、順を追って説明していきます。

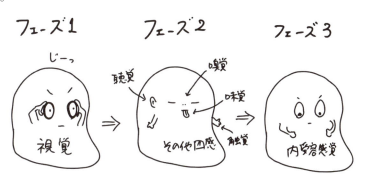

フェーズ 1 「視覚（観察力）」を 向上させる

知覚を向上させていく最初のフェーズは、「視覚」です。

視覚は、五感の中で最も影響力が大きいものであり、約8割は視覚情報に基づくものと言われています[※1]。したがって、知覚を高めるためには、まずは五感の中心である視覚を高めることが優先になります。

そして、視覚に意識を向けるための観察行為は、知覚に大きく影響します。

観察力を高めるために大事なこと。

それはズバリ、「記号情報」から逃れることにあります。

なぜなら「記号情報」は観察にとって大きな障害となるからです。

言うまでもなく、観察にはかなりの労力を要します。だから、私たちの身の回りでは、わざわざ観察をしなくても済むように大抵のものには「記号」が貼られています。

たとえば「肩書き」は、そのわかりやすい事例でしょう。

道端でいきなり初対面の人と出会っても、その人がどんな人物なのかを観察して理解するのは、なかなか骨が折れます。

しかし、もし名刺交換をしたらどうなるでしょうか？　そこに記載された「勤務先企業名」や「肩書き」という記号情報によって、一気

［※1］　多くのメディアで「視覚から約8割の情報を得ている」と書かれており、その原典は『産業教育機器システム便覧』（教育機器編集委員会編／日科技連出版社）にあるらしい。同書には、その比率が「味覚1.0%、触覚1.5%、嗅覚3.5%、聴覚11.0%、視覚83.0%」と記載されている。私は未確認だが、この数値そのものは主題ではないため、伝聞形として書くにとどめる

にその人物の理解をショートカットできる気がするでしょう。

名刺交換という儀式が、初対面の相手と必ず行われるのには、観察をショートカットする意味があるのです。

その名刺に書かれた記号情報を通じて相手の会社や立場を把握することができる。そして、そこに書かれているキーワードを通じてその人物像の仮説が勝手に浮かび上がるのです。

「あの営業力が強力な会社か……。多分この人も押しが強いんだろうな」

「この若さで〇〇商事の部長か……。相当仕事ができる人なんだろうな」

こんな思い込みにも似た仮説を、名刺の情報だけで無自覚のうちに形成します。

そして、その仮説ができた後は、自然とその仮説に合う情報を優先的に取り込んでしまう。名刺交換を通じて「押しが強い人」というイメージを持った相手には、基本的にはそれが正しいと裏付けるような情報を好んで集めてしまいます。

この「肩書き」の事例に象徴されるように、改めて周囲を見渡してみると、私たちの身の回りには、観察行為をショートカットできるような便利な記号情報があふれていることに気づくはずです。

衣服や化粧品などのブランドはその最たる例でしょう。

そのブランドがついているからこそ、十分に観察せずともその品質を信頼することができるわけです。**そして、気づけば私たちは、記号情報に依存するがゆえに、その本質を判別するために何を見るべきか、その観察眼を失っていくのです。**

この章の冒頭のケースでも、ひょっとしたら「企業名」という記号

情報に、あなたの認知は影響を受けているかもしれません。
「A社は業界最大手企業だから……」とか、「C社は聞いたことのない企業だから……」といった記号情報は、知らぬ間に私たちの観察眼を歪めている可能性があるのです。

　このように、観察をしなくても済むような便利すぎる世の中にいるからこそ、時に記号に頼らず、その対象だけをあるがままに見つめる機会を作ってみることが大切なのです。

コラム　リーダー研修「うらほろアカデメイア」での観察トレーニング

　私がラーニング・デザイナーとして関与している一般社団法人うらほろ樂舎では、各界のリーダーを北海道の浦幌町に集めて、「うらほろアカデメイア」という名のリーダー育成研修を行っています。

　いくつかあるルールの1つには、**事前に参加者の属性をお互い一切明かさず、当日も名刺交換を禁止して2泊3日という時間を共に過ごすことがあります**[※1]。

　初対面だからこそ、参加者の人となりをクイックに理解したくなるのは当然です。

　しかし、この研修では、あえてその最大の武器となる名刺交換や属性を語る自己紹介を禁じます。

　もし最初に名刺交換や自己紹介をしていたら、私たちは観察を怠り、その人が持つ大きな記号情報を通してしか相手を見られなくなってしまうからです。

　考えてみれば、属性抜きで初対面の人と人間関係を構築する機会はほとんどありません。職場で会う社内の人は、大抵入社年次や役職など記号情報とセットになっていますし、社外の人に会う時は、必ず礼儀作法として名刺交換をします。私たちは、そうやって観察から逃れているのです。

　だからこそ、この機会を使って、他者を観察する力を取り戻し、そしてその人の素の状態で人間関係を構築することにチャレンジしてもらうことにしたのです。

[※1]　ちなみに、このルールを思いついたのは私ではなく、うらほろ樂舎のスタッフの誰かだ（誰かは忘れた）

実際に開始してみると、明らかに他者に対する観察の度合いが高まることがわかります。同じチームの仲間がどういう人なのか？ その手がかりを掴むためには、目の前の人物の行動を観察するしかありません。

　目の前の相手はひょっとしたら自分より多くの経験を積んできた猛者かもしれないし、名の通った有名人かもしれません。そんな思いを持ちつつも、一人の人間としてお互いにチームビルディングする。だからこそ、相手に対する観察レベルは否が応でも高まるのです。

　その結果として、３日間の研修を経たその人の記憶には、その人固有の観察事項が残ることになります。通常であれば、たとえば「Ａ社の営業部長の田中さん」として記憶に残るものが、「常に最初に質問する田中さん」「いつも笑顔の山本さん」のように、行動観察による印象が残るようになるのです。

　そして、不思議なことに、こうした出会い方は人間関係も変えていきます。記号情報から入っていれば、上下意識が芽生えてしまい、ヒエラルキー構造になっていたかもしれない関係性が、フラットな人間関係になっていくのです。

　これは記号情報には上下関係がつけやすい一方で、人の特徴には上下関係がつけにくい、ということがあるのではないかと考えます。

　人間も食べ物も洋服も、私たちを取り巻く多くの物事には、記号情報が溢れています。

　そんな環境において、あえてその記号を取り外し、じっくり観察する機会をつくってみる。そうすれば、そこには記号では表しきれない多くの情報が転がっていることに気づくはずです。

「求心性モード」で観察する

それでは「観察」ということを理解するために、1つの補助線を引きながら理解を深めていきましょう。

ものの見方には、「求心性モード」と「遠心性モード」の2種類があると言われています[※1]。「求心性モード」とは、脳の中枢が判断をするために、外部情報を脳に集める状態のことです。一方で「遠心性モード」は、あらかじめ脳からの命令に従って、選択的に視覚的行動を行うことを指します。

この補助線に従えば、先ほど述べた「記号情報」を頼りに物事を判断する認知の流れは、「遠心性モード」に該当することがわかります。

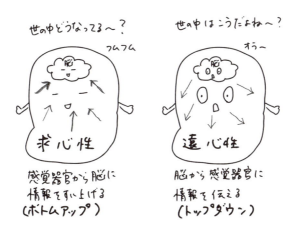

[※1] この定義は、眼球運動の専門家である古賀一男氏が書いた『知覚の正体』／河出書房新社 による。同書 P.58 を参照

まず、記号情報により、私たちの脳内で仮説（推論[※1]）を生み出し、その仮説を確認する、もしくは仮説を強化する手段として感覚器官を使うのです。

　私たちが「遠心性モード」を多用する理由は、脳がラクできるからです。脳は新しい感覚器官からの情報で驚きたくないのです。

「遠心性モード」をシャットダウンし、「求心性モード」をオンにするというのは、すぐに怠けたがる脳の本来的な作用に反した行為になります。

　だからこそ、観察は「意図を持って行うこと」が必要なのです。

［※1］　神経科学者であるカール・フリストンによる「自由エネルギー原理」によれば、「脳は推論するシステムである」と言われている。この世の中がこのように見えるのも、私たちの脳の推論なのだ

| 解 説 | 「求心性モード」と「遠心性モード」

　求心性モードとは、外側の情報を感覚器官が受け取って、それを脳の中枢に届けることです。

「え、それって普通のことじゃないの？」と感じた人がいるかもしれません。

　確かに、今の自分は、目を開けて、外側の視覚情報を正しく脳に届けている動きをしているように感じるでしょう。しかし、実態としては脳が仮説をあらかじめつくって、その確認のために感覚器官を働かせる「遠心性モード」のほうを多用しているのが実態です。

　求心性モードのことは「ボトムアップ入力」、遠心性モードのことは「トップダウン入力」と呼ばれたりもしますが、実態として外界から情報を取り込むボトムアップ入力の割合はわずか４％に過ぎないとも言われています。つまり、残り96％は頭の中の内部情報ということになるのです[※1]。

　私たちがいかにものを見ていないかがわかるでしょう。

　強い意図を持って感覚器官に耳を澄まさない限り、私たちはトップダウン入力だけ、つまり見たいものを見て、感じたいことを感じるという「妄想の中」で生きていくことになりかねないのです[※2]。

[※1]　『メカ屋のための脳科学入門』高橋宏和／日刊工業新聞社に詳しく。P.22 参照
[※2]　もちろん、どれだけ頑張ったところで、私たちは無意識のうちに情報を取捨選択してしまう。その認識も同時に必要だ

「視界」を意識せよ
視覚を向上させる1

　では、どうやって裸眼の観察力を高めればいいのでしょうか。そのためのキーワードをあらかじめ提示しましょう。

　それは、「視界」「反復」「孤独」の3点です。

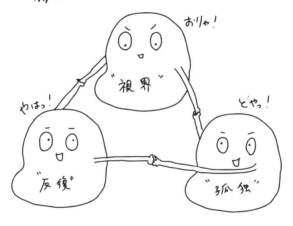

　まず前提として、「裸眼思考」における観察は、何か明確な仮説のある観察とは異なります。仮説のある観察の場合は、ある程度視点のフォーカスを事前に定めてじっくり見ることが必要になります。もちろん、それが効率的であることは間違いないのですが、この仮説が願望と混じり合うと、解釈が暴走し始めます。

　つまり、見えないことまで見えた気になってしまうのです。

　「裸眼思考」は、そんな「レンズ思考」の弊害を解毒するものです。

つまり、観察と言っても、強い目的意識や仮説といったものを捨てた観察になります。これがとても難しい。

なぜなら、私たちは何か興味深いことに出会った時、そこに感情を動かされて、虫眼鏡で対象を覗き込むように、狭い範囲で深く物事を観察する行動に出てしまうからです。知らないうちに対象に対して近く、狭く、じっくり観察してしまう。

しかし、「裸眼思考」で求められる観察は、そうではありません。意図を捨てて、キョロキョロ見回し、全体を捉え続けること。これがポイントです。

そのために何が大事なのか。

その最初の一歩は、「視界」です。

つまり、物事を俯瞰的に捉えられる見晴らしの良い立ち位置を確保することが大切になります。

たとえば、本章の冒頭にあったシステムベンダーのケースで考えてみましょう。

あのケースでは、もう既にA社、B社、C社という3社に狙いを定め、その中でもB社が有望という思考で固まっていました。言ってしまえば焦点をB社に合わせた虫眼鏡で詳細を観察するモードに入っています。

しかし、「裸眼思考」で観察するということは、焦点が定まらない場所まで距離をとった上で眺めることになります。

たとえば業界のプレイヤーが一覧になっていてその特徴が見えるような業界地図を眺めることです。そして、あえて目的を手放して、個々の会社がちっぽけな存在に見えるまで視界の端々まで、俯瞰して見渡してみましょう。意図を捨てて、隣の業界や国境なども超えてざっと眺めてみる。

そうすれば、今までなぜか選択肢に入ってこなかったプレイヤーの存在を見出せるかもしれません。

B社がベストだろうという仮説を持つことは悪くありません。しかし、それは、B社がベストであってほしいという願望に変わってしまう可能性と隣り合わせです。

そんな時こそ、あえて見晴らしの良い場所まで遠ざかるのです。そこから業界全体をシンプルに眺めてみる。もちろん、ざっと眺めてみて、結局B社の良さに気づくこともあるでしょう。それはそれでいいことです。

大事なことは、一度は見晴らしの良い場所に立ってみるということです。

このように「見晴らしの良い場所から観察する」ことを、ハーバード・ケネディ・スクールのハイフェッツ教授は、「バルコニーからダンスフロアを眺める」と表現しました[※1]。

ダンスフロアというのは、最前線で何かに熱中して取り組んでいる状態のことを指します。そして、バルコニーとは、そのダンスフロアで踊っている人々の様子が眺められる高い場所のことです。

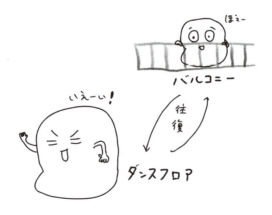

[※1] この話は『リーダーシップは教えられる』シャロン・ダロッツ・パークス／ランダムハウス講談社 に詳しく掲載

私たちは日々ダンスフロアで必死に踊っていることが多いのですが、リーダーとなるためには時としてバルコニーという見晴らしの良い視点に立たなくてはならない、とたとえたのです。

　バルコニーに立った瞬間に、これまで自分が踊っていたダンスフロアの状況を客観的、俯瞰的に捉えることができ、全体の構造を把握しやすくなります。私たちは、現場寄りのダンスフロアの視界も必要ですが、いつでも俯瞰的なバルコニーの視界に立ち戻れるようにしておく必要があるのです [※1]。

［※1］　もちろん、バルコニーからの視界はダンスフロアより広いといっても、限られた視界であることには変わりない。だからこそ、バルコニーに立った後でも、「その視界で十分なのか？」という疑いの視点を常に持たなくてはならない

「反復」せよ
視覚を向上させる2

　この「視界」を確保した上で、大事なポイントを強調しておきたいと思います。

　それは、「反復的に」決まった視界に立つことの重要性です。

　たとえば、先ほど業界地図を眺めることを話したと思います。

　しかし、実際には一度その地図を俯瞰しただけでは、多くの示唆を得ることは難しいはずです。

　大抵の場合、事前の知識や仮説に囚われたまま、自分たちの持論を確認するだけにとどまってしまうためです。

　もちろん、日頃眺めたことがなければ、その光景に驚きを得ることはあるかもしれませんが、真にインパクトを発揮するのは、反復的な観察です。**決まった視点に立ち、定点観測することで、当初持っていた思い込みから抜け出し、ようやくその本質を理解することができるのです。**

　『嫌われた監督[※1]』という書籍に描かれた中日ドラゴンズ監督時代の落合博満氏が、この本の著者であり当時はドラゴンズの番記者だった鈴木氏にこう語るシーンがあります[※2]。

[※1]　『嫌われた監督』鈴木忠平／文藝春秋
[※2]　同書第2章「森野将彦 奪うか、奪われるか」P.74 より引用

「ここから毎日バッターを見ててみな。同じ場所から、同じ人間を見るんだ。それを毎日続けてはじめて、昨日と今日、そのバッターがどう違うのか、わかるはずだ。そうしたら、俺に話なんか訊かなくても記事が書けるじゃねえか」

　この言葉からも、観察とは反復だということが理解できるでしょう。残念ながら、多くの人は1回何かを見ただけでは理解することはできません。観察力の正体は、観察する「視界」を定めた上で、あとは定期的に「反復」するということなのです。

　たとえば、あなたにとって大切な組織のメンバーのことを考えてみましょう。おそらく、その人は大切であるがゆえに、その人についてのいろいろな「知識」が身について、もはやゼロベースで見えなくなっているはずです。
　既存の知識をベースにした「遠心性モード」で対象を見てしまっている。しかし、その人も日々変化をしているはずなのです。
　もしあなたが本当にその人を改めて理解したいのなら、試しに定点観測をしてみましょう。たとえば、朝の挨拶の際の発声や表情だけでもいい。事前の知識に頼ることなく、視点を定めてまっさらな目で繰り返し見てみるのです。
　そうしていけば、必ずあなただけしか気づかない些細な変化が見えてくるはずです。

「孤独」で見ろ
視覚を向上させる3

ただし、定点で反復的に目を凝らすために必要なことがあります。

それは、一人でいることです。

誰かと一緒にいると、そこには相手との対話や気遣いなどが発生します。それが対象をじっくりと観察するということを妨げてしまうのです。

観察するなら、できる限りノイズを排除しなくてはなりません。そのためには、孤独になる必要があるのです。

『孤独のグルメ』という人気ドラマシリーズがあります。松重豊さんが演じる主人公の井之頭五郎が、日本国内のさまざまな場所を訪れ、現地の実在の飲食店で食事をする、というシンプルなストーリーです。

このドラマにおける五郎のこだわりは、タイトルにもある通り「孤独」であることにあります。食事は絶対に他人と一緒にしません。なぜならば、その食事を十分に味わうことができなくなってしまうからです。だからこそ、五郎は一人で席に座り、メニューを決め、そして食事に向き合います。そして、スマホもいじらず、常に脳内で独り言を呟いている。

店を選ぶところから、メニューを決めて、食べて、帰り道に食事を振り返るまで、常に孤独。

このプロセスにこそ、観察の本質があります。孤独でいるからこそ、物事をしっかり観察できるのです。もしここに他者がいたとしたら、会話に意識が向いてしまい、食事を観察するための集中力は落ち

てしまいます。孤独であるからこそ、その対象の理解に100%意識を向けることができるのです。

　自分は何を見ても気づくことがないので、観察眼がないのではないか？　という人の話を聞いてみると、そもそも孤独になる時間が少ないことがあります。**孤独を避けていつも誰かと一緒にいる。一人でいる時もスマホをいじっていて、「孤独」になる瞬間がない。そういう孤独不足の日常であれば、観察眼を鍛えることはできません。**

　孤独ということを避けずに、独り言を脳内で呟きながら、１つのことをじっくり見つめるルーティンを作ってみましょう。

　そこには今まで見過ごしていた新たな世界が広がっているはずです。

フェーズ 2 「その他四感」を向上させる

さて、今までは「視覚」を中心に説明してきました。

先に述べた通り、知覚の8割は視覚が占めていると言われています。だからこそ、**何かを正しく知覚する際に、「視界」「反復」「孤独」ということを意識して、物を正しく見ようとすることは重要です。**

しかし、当然ながら視覚だけでは捉えられないこともあります。

視覚だけに依存しすぎると、目では見えないものを見逃してしまう可能性があるのです。

私たちは、視覚以外にも、聴覚、嗅覚、触覚、味覚といったその他四感によって知覚することができます。それらの力をセーブしておくのはもったいない。

たとえば、**私は他者の話を聞く際、より深く理解したい時に、あえて目をつぶって話を聞いてみることがあります。視界をシャットアウトすることで、耳から入ってくる情報量がより上がってくるからです。**相手の息づかいや声のトーン、ペースなどにまで注意が向き、目を開けた状態とは異なる洞察を得ることができるのです[※1]。

この気づきのきっかけの1つは、Voicyを始めとした音声メディアに日常的に触れるようになったことにあります。音声メディアには当然ながら視覚情報はありません。にもかかわらず、聴き続けていると、話し手のその日の体調や、話しているテーマに対する関心の深さ

[※1] もちろん、やるタイミングには要注意。1 on 1の場面で目を閉じるといきなりどうしたのだ？　と怪しまれる可能性がある。たとえば、私は、複数人がいるプレゼンテーションや営業折衝の場面で、その発言者の本心を探るために、目をつぶるといったことはよくやっている

などが手に取るようにわかるようになる。

普段頼っている視覚をオフにする環境を作れば、耳からの情報量はグンと高まるということに改めて気づいたのです。

視覚以外のポテンシャルを感じたもう1つのきっかけは、「ダイアログ・イン・ザ・ダーク」というアクティビティの経験です。ダイアログ・イン・ザ・ダークとは、完全に暗闇に仕立て上げられた空間の中で、グループで移動したり食事をするなど、数々のイベントを体験していくものです。視覚がある時は何でもない行為であっても、真っ暗闇の中ではそれは未知の体験に変わります。私は過去に何度も体験しているのですが、そのたびに、自分が視覚に過度な依存をしていることを痛感するのです。

たとえば暗闇の中でガラスビン入りのジンジャーエールを飲んだ時のことです。回されたビンを恐る恐る手元に寄せた時に手のひらに感じた冷たさ、ビンのざらつき、炭酸の弾ける微かな音、ほんのりと漂う生姜の匂い、そして想像以上に感じたビンの高さなど、飲む前から多くの情報量を受け取りました。

もちろん、飲んだ時に感じたジンジャーエールの強い刺激、そして舌から喉、胃に至るまでの液体がゆっくり通る感覚も、今まで体験したことのない新鮮なものでした。

見えなかったのでわかりませんが、あのジンジャーエールは、おそらくどこにでも売っている市販のものだったはずです。しかし、視覚を奪われた状態で飲んだあのジンジャーエールは、多くの感動を私に与えてくれました。

もし、あの場面で視覚があったなら、まず冷たいビン入りのジンジャーエールを認識したでしょう。その時点で、そのビンの冷たさから味わいまでを想像し、感覚器官に対して「こういう生姜味の冷たいドリンクがやってくるぞ」という指令が伝わり、「遠心性モード」の対

応をしていたはずです。結果的に、ジンジャーエールは想像通りの味になり、感覚器官はフル活用されず、新たな発見のない平凡な飲食行為に終わっていたでしょう。ビンは冷たく、ざらつき、その口の位置が高かったとしても、視覚がその判断を先んじて処理してしまうからです。だから、他の感覚器官は休むことができてしまうのです。

　視覚を一旦オフにしてみると、他の感覚器官が活発に動き始めます。通常は視覚による認知が8割なのだとすれば、目を閉じることにより、聴覚、嗅覚、触覚、味覚のポテンシャルが8割の広大なスペースを埋めるべくその能力を高め始めるのです。

　私たちの知覚力のポテンシャルにはまだ広大な余白が広がっています。
　私たちには、いつものレンズをかけて慌てて何かを判断するだけでなく、もっと多くのことを知覚することによって決めるという選択もあるのです。

コラム	脳 知 を 身 体 知 化 さ せ る

　身体を通じて知覚する、ということに関して、コペンハーゲン生まれのアーティストであるオラファー・エリアソンの作品にはヒントが溢れています。

　彼は、グリーンランド氷床から滑り落ちた大きな氷の塊を海から拾い上げ、「アイスウォッチ」というアート作品として展示しました。かつては氷山だった氷の塊を大衆の目の前に提示し、実際に氷に触れてもらい、その氷が溶けていく様をリアルに知覚してもらうことで、気候変動問題を五感に訴えようとしたのです。

　エリアソンは、人々が気候変動問題を具体的な課題ではなく、抽象概念として理解している状態に課題意識を持ちます。その抽象概念はどこか遠くの世界の出来事で、身近に具体化されることがないため、感覚が麻痺してしまっているのです。

　それをいかに「脱麻痺化させるか」というのが、「アイスウォッチ」におけるエリアソンのチャレンジでした。

　脱麻痺化させるためには、脳で知っているだけでなく、身体を通じて具体的に知ることが大事だとエリアソンは考えます。だから、具体的な氷を展示し、それに触れてもらうことで「氷山が溶ける」ということのリアリティを感じてもらう仕掛けを作ったのです。

　人肌に触れれば氷山の塊は溶ける……なんて考えればわかりそうなことであり、仕掛けなど不要のように感じるかもしれません。しかし、実際はそうではありませんでした。

　エリアソンは氷の展示を見に来た人たちの様子をこう語ります[※1]。

[※1] 『ときに川は橋となる』オラファー・エリアソン／フィルムアート社

「お、あのすごい氷見て！」なんてみんなが言っているのが聞こえました。それから次に手を当ててみて「冷たい！」と言う。これは面白いところです。というのも、彼らはもちろんこのことを、知的な意味ではすでに知っていたわけです。そうですよね？　新しい情報は何もない—氷は冷たいものだ、と。

　でも、知的な意味で知っていたことと、フィジカルに触れたこととのすり合わせが、その瞬間に起きるわけです。自分が知っていたことと、フィジカルにつながるようになる。
　それに実際には、僕らはいろんなことを知っているんです。データが伝えてくるようなことは全部知っているんですよね。

　でも身体知、つまり筋肉が知っている事柄、両手が知っている事柄、僕らがあらためて考えてみたりしないような事柄—そういう知は全部、説明されないまま放置されているようなところがある。それに、脳知と身体知がもっと上手くつながるようになれば、ぼくらのスキルや能力が—対人関係的（ソーシャル）にも—向上すると思うんです。

　氷は冷たいし、触れば溶けるなんてことはみんな知識として知っていることです。
　しかし、身体を伴うことで、私たちの脳にあった知識と結合して、具体的に理解することができるのです。
　私たちの頭の中には、体験を伴わないまま漂っている無数の脳知があります。
　情報化社会となり、その脳知の数は急速に増えつつあります。「地球温暖化」という概念も脳知にとどまっている人が多い。裏を

返せば、身体知を与えることで、動き出す可能性があります。エリアソンは、そのような脳知と身体知のアンバランスに着眼し、アートによって解決する可能性を見出したのです[※1]。

[※1] 麻布台ヒルズギャラリーで開催されたオラファー・エリアソン展『相互に繋がりあう瞬間が協和する周期』にも、身体知を通じて環境問題を訴求する秀逸なアートがあった。廃棄焼却物から副産物として生み出された亜鉛を使った幾何学的なオブジェは、美的感覚と環境問題意識を同時に刺激してくる作品だ

フェーズ 3 　「内受容感覚」を向上させる

　知覚を向上させるための最後のフェーズは、「内受容感覚[※1]」です。内受容感覚とは、自分の体内にあるセンサーからの情報を感じ取る能力のことです。たとえば、私たちは、お腹が空いた時に空腹感を感じ取ります。同様に、喉の渇きや尿意、疲労など、体内からのサインを感じ取ることができます。

　「五感」は、外からの情報を受け取るセンサー（外受容感覚）ですが、それと同様に私たちの体内には、内からの情報を受け取るセンサー（内受容感覚）があるのです。そして、外受容感覚からの情報とともに、神経系統を経由して、脳へとその情報を送り届けます。

　内受容感覚からのメッセージは、単なる生理的欲求のようなもの以

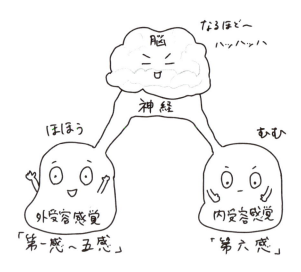

[※1] 内受容感覚という言葉を最初に使った人物は、イギリスの生理学者でノーベル賞を受賞したチャールズ・シェリントンだ。彼は、外受容感覚、固有感覚、内受容感覚といった言葉を通じて、感覚の機能的な区別を行った

外に、意識上には上がってこない「重要な直観」なども含まれます。

この人物は何か怪しい感じがする、とか、この取引先は危険だ、というような直観的要素は、脳が判断する前に、身体の内側から湧き上がってくるものです。だから、よくわからないけれど動悸がするとか、発汗してしまうといった身体反応には、貴重なサインの場合があるのです。認知科学や神経科学における研究において、内受容感覚の重要性は徐々に明らかになりつつあります。

この直観的判断のことをよく「第六感」と呼んだりしますが、外受容感覚が五感を表していることを考えると、内受容感覚を加えて、私たちの情報ルートは全部で6つあると捉えるのが正しいのかもしれません。

では、私たちの内受容感覚はどれだけ発達しているのでしょうか。それには大きな個人差があります。たとえば、『脳の外で考える[※1]』という書籍によれば、それを簡易的に測るテストとして、自分の鼓動をどれだけ感じることができるのか、というものがあるようです。

テストは簡単。自分の心臓の鼓動のタイミングを当てるだけです。ただし、手は身体から離しておくこと。手首に触ったり、胸に触ったりするのはダメです。

では一旦本を置いて、この簡易テストを実際にやってみましょうか。

どうでしょう？　自分の鼓動のタイミング、わかりましたか？

前掲書によれば、どれだけ正確に言い当てられるかは、人によってかなり差異があるようです。鼓動のリズムを全く感じられない内受容感覚の低い人は、日頃から身体のメッセージを無視して、脳主導で考えてばかりいるタイプに多いようです。

そして、**前掲書では、この内受容感覚を疎かにすることが意思決定**

[※1]　『脳の外で考える』アニー・マーフィー・ポール著／ダイヤモンド社

に悪い影響を与えるということが数々の研究を通じて明らかにされていきます。たとえば、応用生理学者であるジョン・コーツは、パフォーマンスの高い金融トレーダーの研究を経て、1つの結論に達します。

正しい判断を下すには、体からのフィードバックに注意深く耳を傾ける能力が必要である。

（中略）

おかしなことかもしれませんが、稼げるトレーダーは体がシグナルを出す能力と、それを聞く能力のおかげで優れた判断を下せるのかもしれません[※1]。

ここで語られているのはトレーディングの世界ですが、業界を問わず、直観的要素が必要であることは言うまでもないでしょう。

特に変化の激しい業界においては、私たちが過去の情報から合理的な判断を下すことが誤りになってしまうこともあります。そんなタイミングにおいて、五感という武器に加えて、六感目である内受容感覚は疎かにできない存在なのです。

[※1] 『脳の外で考える』第1章「感覚を使う」P.27 より引用

私たちには全六感の知覚力がある

　さて、本章のステップ1‐知覚編においては、知覚ということの奥深さを一歩ずつ深めていきました。

　もう一度本章の冒頭のケースに戻ってみましょう。

　あの場面では、事前に仮説を立てたスピーディな判断をしようとしていました。
　将来の目的を意識し、過去の知識を駆使しながら最短距離で答えを出すという「レンズ思考」は負荷が低く、効率的な思考スタイルなのだと思います。しかし、全六感の知覚をフルに活用した「裸眼思考」で物事を再認識するというやり方もある。
　そんな「知覚」の深さと広がりについてお伝えしました。

　もし、あなたが無自覚のうちに効率性ばかりに囚われた認知を繰り返しているのだとすれば、まだそこには大きな可能性が広がっているのです。
　まずはそれを手放してみましょう。

第2章

裸眼思考のステップ2
保留

ステップ 2 ｜ 保留

> **CASE** 人材育成コンサルタントである山下隆は、今、システムインテグレーター大手であるクライアント企業の社長から、直接、課題意識の話を聞いていた。
> 「我が社はご存知の通り、なかなか新規事業がうまくいかずに、立ち上げては失敗の連続なんです……」
>
> 山下はクライアントの話を聞きながらも、既に頭の中には提案書の中身が完成しつつあった。
> 「これはやっぱり、Y社でも成功した新規事業創造トレーニングプログラムを提案するしかない！」
> 山下の頭の中は、来週に提案する資料の中身でいっぱいだった。
> 正直に言えば、山下にとってこの企業の事業は未知の領域だった。システムベンダーのこともよくわからなかったし、そんな企業が考える新規事業についてはイメージすら湧かなかった。

しかし、山下には、クライアントの説明など聞かずとも、提案する内容は見えてしまったのだ。

「所詮はどんな企業でも抱えている課題は似たようなもの」が山下の持論だ。
　そう考えているからこそ、このスピード感で提案をまとめることができるのだ。
「これだけ多くのクライアントを抱えられるのも自分だけだ」というのが山下の自負だった。
　山下は自分のぎっしり詰まったスケジュールに目を落としながら、この提案書は帰りのタクシーの中でできる限り片付けてしまおうと思った。
「Ｙ社への提案書をほぼそのまま使ってしまえば、かなりショートカットできるな」

　ふと我に返ると、クライアントの社長はまだ熱心に何かを話していた。

「全能感」という副作用

　裸眼思考の次のステップは、「保留」です。

　保留とは、知覚したことの解釈をあえて決定せず、宙ぶらりんの状態を維持しておくことです。

　宙ぶらりんの状態ということは、忙しいビジネス環境の中においては、決して良い状態とは言えないでしょう。少なくともリーダーには「たとえわからない中でも右か左かを覚悟を持って決め切る」ことが推奨されています。

　私は長らくビジネススクールでケースメソッドという学習方法で教えていましたが、その教育現場でも、少ない情報に基づき、短い時間で結論を出す力こそが、ビジネスリーダーに求められるスキルだということを繰り返し伝えてきました。

　たとえば、キャッシュがつきそうになる中で、経営改革のためにどんな一手を打つか？　売上を伸ばしにいくのか、それともコスト削減に向かうのか……？　手持ちの情報は限られています。

　しかし、キャッシュは時間の経過とともに失われていく。そのようなシチュエーションにおいて、意思決定を「保留」することは罪以外の何者でもありません。

　だからこそ、わからなくても自信を持って決める。力強く言い切る。それこそが切羽詰まったシチュエーションにおけるリーダーに求められることであり、今も昔もこの重要さが変わることはありません。

しかし、同時にこのスタイルには副作用があることも忘れてはなりません。

それは、全てのことを「わかった気になってしまう」という、ある種の「全能感」です。

慌ただしく意思決定を迫られるリーダーにとって、「わからない」という言葉ほど意味のないものはありません。

たとえば、経営会議に、新規事業の提案をするリーダーがいたとしましょう。役員からの「そのビジネスはどれくらい伸びるのか？」という問いかけに対して、あなたはどう答えるでしょうか。

どれだけ伸びるかなんてことは、当然のことながらやってみなければわかりません。しかし、そんなことを言っても仕方ない。だから、どれだけそのビジネスが未知数であっても、リーダーは全てをわかっているような姿勢で数字を言い切らざるを得ないのです。

このようなことを繰り返していくと、言い切ることに対する抵抗が徐々になくなります。むしろ「たった1つの根拠だけで10のことを力強く語る」ということに対して価値を置き始めるのです。

この道の行き先が、「全能感」です。初めは「わからない」ということを認めつつ、自信なく謙虚に語っていた人が、「何でもわかっている」というポーズを取るようになる。そして、やがて「本当に自分はわかっているのだ」と思うようになっていくのです。

では、「全能感」の何が問題なのでしょうか？

それは、世の中をしっかり理解しよう、見つめようとする姿勢が失われてしまうことです。

自分が全能であるということは、世界は自分の理解できるサイズに収まるということです。世界は常に自分より小さくなくてはならない。

だから、もし未知の事象にぶつかったとしても、十分理解することなく既知のことに変換してしまいます。

　たとえば、全く新しいジャンルの音楽に出会ったとしても、理解する前に「ああ、要するに、昔流行ったアレと同じことだよね」として片付けてしまう。本来は、もっと知覚を働かせて吸収しなくてはならないのに、知覚を閉じて、既知の理解の範疇で整理しようとしてしまうのです。

　だからこそ、私たちは慌ただしく「決める」「言い切る」だけでなく、時に「保留」という行為を実践することが重要なのです。十分知覚した上で、慌てずに解釈を一旦保留する。そして、未知のことは未知のこととして受け取ることが重要なのです。

　それでは、「保留」について具体的に考察を深めていきましょう。

「ネガティブ・ケイパビリティ」という存在

「保留」を理解する上で、欠かせないのが「ネガティブ・ケイパビリティ」という概念です。皆さんは「ネガティブ・ケイパビリティ」という言葉をご存じでしょうか。

　私がこの言葉に出会ったのは、小説家であり精神科医でもある帚木蓬生さんの『ネガティブ・ケイパビリティ　答えの出ない事態に耐える力』という書籍の中でした。
　この言葉の意味は、「不確かさの中で事態や情況を持ちこたえ、不思議さや疑いの中にいる能力[※1]」と記載されています。そう、これは本書で言うところの「保留」と同義です。

　私たちは、今まで「ネガティブ・ケイパビリティ」の反意語である「ポジティブ・ケイパビリティ」を必死に鍛えてきました。「ポジティブ・ケイパビリティ」とは、問題をすぐさま解決するための問題解決力のことです。
　問題解決力が必要なことは論を待ちません。しかし、なぜ私たちはあえて問題解決力の対極概念である「ネガティブ・ケイパビリティ」にも注目する必要があるのでしょうか？
　先ほど紹介した『ネガティブ・ケイパビリティ　答えの出ない事態に耐える力[※2]』にはこう書かれています。

[※1]　『ネガティブ・ケイパビリティ　答えの出ない事態に耐える力』帚木蓬生／朝日選書 より引用
[※2]　同書「はじめに」より引用

私たちが、いつも念頭に置いて、必死で求めているのは、言うなればポジティブ・ケイパビリティ（positive capability）です。

　しかし、この能力では、えてして表層の「問題」のみをとらえて、深層にある本当の問題は浮上せず、取り逃してしまいます。いえ、その問題の解決法や処理法がないような状況に立ち至ると、逃げ出すしかありません。それどころか、そうした状況には、はじめから近づかないでしょう。

　私たちの周りにある問題の中で、解決可能なものはごく一部に過ぎません。

　解決可能なものについては、問題解決力を存分に発揮して、迅速に解決に向けて動き出せば良いでしょう。

　しかし、その一方で、たとえば病気や天災など、短期的にはどうやっても解決しようがない類の問題も存在します。いや、そもそも問題の正体すら掴めない問題も多くあるはずです。

　そんな中、闇雲に問題解決力を振り回してしまうと、先の引用の通り、解決できるものだけを問題と見なすというように、問題を矮小化させかねません。

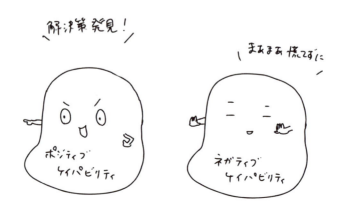

解決を急ぐあまり、解決策から逆算して問題を定義してしまうようなことも起きてしまうのです。

　だからこそ、問題を正しく捉える（＝知覚する）ためにも、一旦立ち止まって「保留」するという知恵が必要なのです。

「問い」の壁をつくる

しかし、この慌ただしいビジネス環境において、「保留」というものほど難しいものはありません。

では「保留」を実践するためにやるべきことは何か？

それは、「問い」の壁をつくることです。

これに関する象徴的な出来事を1つ紹介しましょう。

それは、馬と共に行うホースローグで行った「事実と解釈[※1]」というエクササイズでのことです。

「事実と解釈」というエクササイズは、一人が目を開いて馬の観察者となり、他のメンバーは目を閉じた形で行われます。そして、観察者が3頭の馬について、声だけで様子を伝える、というものでした。

その際に観察者に課されるポイントは1つだけ。

それは、「伝えるのは事実のみ。解釈は厳禁」ということです。別の言い方をするならば、事実だけを語って解釈は保留せよ、ということになるでしょう。

たとえば、「2頭の馬が寄り添っている」という表現はNGです。

なぜなら、寄り添っているという言葉には、「親しげである」という解釈が含まれているからです。観察者には親しげに見えたとしても、実際に2頭の馬が親しいかどうかはわかりません。

[※1] このエクササイズは、大抵最初にやるのだが、これを最初にやっておくとその期間中、観察眼が鍛えられるという効果がある。解釈を語る前に、事実を言う意識がつくからだ

だから、たとえば「2頭の馬が耳と耳を擦り合わせている」というような表現にとどめるのです。

　このように、解釈を保留して事実だけ語ることは想像以上に難しいものがあります。

　たとえば、実際に観察者となった私が多用していた言葉が、「馬は全く動いていません」という表現でした。実際に3頭の馬は歩みを止めて、一見固まっているように見えました。

　だから「全く動いていない」と伝えたのです。

　しかし、実際には馬は動いていたのです。

　確かに前方への歩みは止まっていたかもしれません。しかし、よく観察すれば、たとえば耳はいろいろな方向に角度を変えながら動いていたし、目はあらゆる方向に向けてキョロキョロしていた。お腹の辺りの随意筋もピクピク動かしていました。

　そして、私の目の端にもそのような細かな動きは多少映っていました。

　それにもかかわらず、私が「全く動いていない」という強い表現をしてしまったのはなぜなのでしょうか？

　それは、目を閉じて私の声だけを頼りに待っているメンバーを意識して、「インパクトの強い表現で、早くこの状況を伝えきらなくてはならない」と焦っていたからなのです。つまり、他者の期待値を前に、解釈を保留することができなかったのです。

　この短い時間のエクササイズの中に、「保留」の本質を見出すことができます。

　ちょっと整理しましょう。

　私は馬の様子をさっと見て、「全く動いていない」という解釈を伝

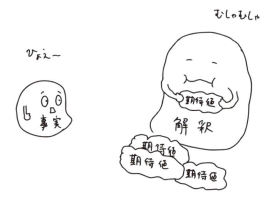

えました。これは、「小さな事実」が、「他者の期待値」の影響を受けて「大きな解釈」へと育っていく構図だと言えます。

　事実は、期待値という「エサ」を食べて、大きな解釈へと育っていきます。馬が「全く動いていない」と強めの解釈を伝えてしまったのも、まさに私の声を待っている仲間たちからの期待値にさらされた結果です。

　では、「保留」とは具体的に何をすることなのでしょうか？
　それは、期待値から距離を確保するために、「問い」という壁をつくることです。

つまり、「保留」というのは、「問い」の前で立ち止まるということです。

たとえば、先ほどの馬の件であれば、「馬が全く動いていない」と伝える前に、「そもそも馬が動いているってどういうことを指すのだろう？　どの部位がどう動いていれば動くという表現になるのだろうか？」という問いを自分に投げかけてみる。

そうすれば、他者からの期待値から離れて、もう少し馬に向き合えた可能性があります。

たとえば、本章の冒頭のクライアントとの対話事例では、提案書の作成に入る前に、「システムインテグレーターとは何か？」「そもそもシステムとは何を指すのか？」「インテグレートとはどういう状態を目指しているのか？」という問いを投げかけてみる。

そのような「問い」が壁となり、また私たちの思考は事実に戻ってきます。勝手な解釈をする前に、クライアントの課題意識を「知覚」しようということにもなるでしょう。

他者からの期待値には大きな力があります。「もっと早く！」「もっとインパクトを！」こういう期待値を感じてしまうと、私たちは知覚を疎かにしたまま一気に勇ましい解釈へと飛んでいきます。

そこで踏みとどまらせるのが、「問い」という壁の存在です。

保留の本質は、「問い」にあるのです。

「二元論の切れ目」を問う

　では、「問い」をつくるために、何に着目すれば良いのでしょうか。**その際に役に立つのが、「二元論の切れ目」に問いを立てる、ということです。**

　二元論とは、たとえば「善と悪」とか「左派と右派」、「精神と物体」のように、物事が背反する2つの要素によって構成されていると考えるアプローチです。

　この二元論というアプローチは、他者の期待値に応えるために、非常に使い勝手の良い型です。

　たとえば、先ほどの馬の例で言えば、私の思考は「動と静」という二元論がベースにありました。物事を「動と静」として二元的に捉えれば、判断をスピーディにできますし、「全く動いていない」と言い切ることでインパクトを与えることもできます。

　しかし、実態はそんなにパキッと2つに分けられるものではありません。馬は動いていないようで微妙に動いていたように、大概のものは、二元論の中間帯にあるのです。

　だからこそ、二元論的なアプローチをする際には、その概念の切れ目がどこにあるのか、ということを慎重に考える必要があります。

　たとえば、馬の例であれば、先ほども言ったように、本来は何を持って「動」と定義するのかということについて、丁寧に考えなくてはなりません。

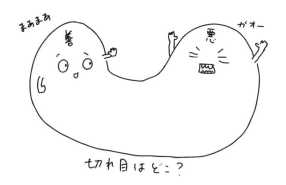

　馬を目の前にして、「馬にとって静と動の境目はどこか」ということを考えてみるとどうでしょう？
　軽々しく答えが出しにくい状態になるはずです。
　このように、切れ目についての問いの壁の前で立ち止まってみることこそが、「保留」となるのです。

　二元論は世の中を素早くシンプルに捉えるために非常に役立つアプローチですが、二元論の切れ目を疑わない、その切れ目に思考投入をしない、ということは危険な状態です。
　善悪だって左右だって、本来は簡単に分けられるものではありません。文脈によってその定義は変わるものです。だからこそ、分けられないものをどの基準で切り分けるか、ということに意味があります。その基準についてちょっと立ち止まって考えてみる。その姿勢こそが、「保留」となっていくのです。

　たとえば、あなたがチームリーダーだとして、メンバーが相談しにきたとしましょう。
　どうも人間関係に悩みがあるようです。その原因は同じ部署の山田さんとのコミュニケーションの食い違いにあるらしい。
　その話をさっと聞いたあなたは次第にイライラしてきます。

「で、あなたは山田さんに問題があると思っているわけなんだね。だったら、直接話してみればいいじゃない。自分から動かないと問題なんて解決できないよ」と厳しいトーンで返してしまう。

　そのメンバーは戸惑い、やがて口をつぐみます。それは、あなたが状況を真摯に理解しようとする姿勢がなく、「問題がある・ない」「動く・動かない」「解決する・しない」という二元論で物事を分類しようとしていて、その切れ目に疑問を抱いていないからなのです。

　あなたとしては、切れ味鋭く切り込んだつもりなのでしょうが、実際には曖昧で表出しきれていない感情を無理やり水面下に沈めただけの会話です。

　そして、大ごとになってから気づくのです。そういえば、あの時あのメンバーが口ごもっていたのは、この問題のサインだったのかもしれない……と。そして、あの時、焦らずに、もっとその状況を理解しておけばよかった……と。

「保留」を心がけるのであれば、判断の際の基準の「切れ目」を疑ってみることです。そうすれば、その基準は簡単に切り分けられるものではないことに気づくでしょう。

　その難しさの前に立ち止まるはず。問いの前で立ち止まり悩む姿こそ、「保留」なのです。

「保留」を選択肢の中に加えておく

しかし、どれだけ「保留」の重要性を語っても、現場を預かっているリーダーからは、「保留することは逃げに過ぎない」という拒絶反応が出てくる場合があります。

私自身、時間に追われるスタートアップの経営を支援していることもあり、その辺りの反応はよく理解できますし、一概に否定できるものでもありません。

その上で、ここで繰り返し確認しておきたいことは、「保留」するということが常に正しいアプローチだと言っているわけではないということです。

言うまでもなく、リスクを取って迅速に意思決定をしなくてはならない場合があります。

大事なことは、ポジティブ・ケイパビリティもネガティブ・ケイパビリティも、どちらも自分の選択肢であることを認識し、意図を持って選ぶことです。

リーダーは危機に直面した時、どうしても自分の型に固執してしまう傾向があります。一般的には、「保留」というようなことはオプションとして想起することもなく、ポジティブ・ケイパビリティを発揮して、力強く問題解決に向かっていってしまう傾向にあるのではないでしょうか。

私が「保留」を強調するのは、いざという時に腕まくりしてポジティブ・ケイパビリティー直線にならずに、「保留」という選択肢があ

ることも想起してほしいからです。

　このリーダーにとっての「いざという時の選択肢」というメッセージをサポートしてくれる論文を紹介しましょう。

　DIAMOND ハーバード・ビジネス・レビュー 2023年10月号に掲載された『有能なリーダーは４つの「構え」を自在に操る[※1]』という論文です。

　この論文では、自分の問題解決の型にこだわらず、オプションとして選択することの重要性が語られています。

・・

　不慣れな状況やリスクの高い状況に直面した時、リーダーはしばしば自分にとって馴染みのある方法に頼ろうとするのだ。つまり、これまでうまくいった行動や態度に頼って、本能的に行動してしまう。

　しかし、事業環境がこれまでと異なれば、もはや反射神経に頼ることはできない。たとえ、従来の方法がまだ機能する場合があっても、だ。有能なリーダーであろうとするならば、これまでと同じ対応に留まるのではなく、選択肢が最も必要とされるその時のために、行動の選択肢を増やさなければならない[※2]。

・・

　では、ここで書かれている「選択肢」とは何なのでしょうか？

　それは「リーンイン（積極的介入）」、「リーンバック（観察・分析）」、「リーンウィズ（共感・激励）」、そして「ドントリーン（保留）」の４つです[※3]。

[※1]　原題は" The Power of Options"。執筆者は、ヒュー・アドバイザーズ創業者のデイビッド・ノーブルとハーバード・メディカルスクール助教授のキャロル・カウフマン
[※2]　DIAMOND ハーバード・ビジネス・レビュー 2023 年 10 月号 P.94 より引用
[※3]　英語では伝わりにくいので、あえて意訳を加えている

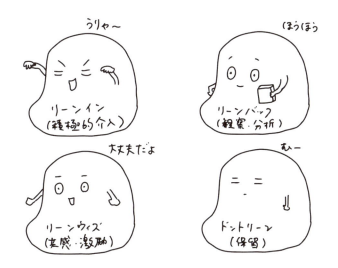

　注目したいのは、裸眼思考的な「リーンバック（観察・分析）」「ドントリーン（保留）」が選択肢として含まれているということです。

危機的な場面に置かれたリーダーのあり方として、まず浮かぶのは「リーンイン（積極的介入）」でしょう。手数を増やし、仮説検証のサイクルを高速で回す。そして、その勘所を見つけたら最大限のリソースを投下してやりきる……というようなハンズオンの積極的介入こそが、リーンインのスタイルです。

　このやり方は、リーダーシップスタイルとしてよく語られる話であり、状況によってはとても機能するでしょうが、万能ではありません。

後ろに引いて全体像を俯瞰的に見たり（リーンバック）、あえて動かないこと（ドントリーン）を選択するということも問題の種類によっては必要なのです。

　そして、多くのリーダーにとって、「ドントリーン（保留）」ということは選択肢のリストに入っていない可能性があります。今まではそれでうまくいっていたかもしれませんが、「有能なリーダー」になる

ためには、引くことや待つことも時として必要なのです。

「常に保留せよ」と言っているわけではありません。いざという時に、ここで「知覚」し、そして「保留」するという可能性はあるのか……？　という新たな型を選択肢として持っておいていただきたいのです。

システムの中にある
「遅れ」を認識する

　最後に、「保留」という行為を意図的に選択することが良いケースを1つだけ挙げておきましょう。

　それは、システム内の反応速度に「遅れ」や「タイムラグ」がある場合です。

　たとえば、古くなったホテルのシャワールームの蛇口をイメージしてみましょう。そこでは水温調整のハンドルを回しても、すぐにはその温度になりません。ちょっとタイムラグが発生してしまいます。

　そんなシャワールームに入ったあなたは、シャワーのぬるさを感じ、もう少し温度を上げようと思ってハンドルを高温方向に回します。しかし、温度は一向に上がらない。「あれ、反応しないのか?」そう考えたあなたは、もう少し大きくくハンドルを捻ってみます。そうすると、しばらくした後に急に熱湯がシャワーから出てくるのです。

　慌てたあなたは、今度は冷水の方向に捻ります。しかし、熱湯は出続けます。パニックになったあなたは、もっと思いっきり冷水の方向へ回し切る。そこに、心臓を驚かすかのような冷水が出てくるのです……[※1]。

　このような、システム内に「遅れ」を持ったシャワーを目の前にし

[※1]　古いシャワーの例は、『学習する組織』ピーター・M・センゲ／英治出版 から引用しているが、実際に出張先のホテルでこのような熱湯＆冷水地獄状態に置かれることは少なからずある。その都度、自分のせっかちさに呆れている

た時、**私たちにとって重要なことは、意図を持って「待つ」ことです。**

一刻も早くシャワーの温度を適温にしたいのならば、動きを止めて、反応の遅れが追いつくのを待たなくてはなりません。

しかし、遅れを待ちきれずに積極的に動いてしまえば、お湯の温度は急に熱湯になったり冷水になったり、不安定化してしまう。シャワーが不安定なのではなく、単にタイムラグがあるだけです。しかし、それに対して積極的に働きかけるから、不安定に見えてしまうのです。

これは、システムがシンプルなシャワーだからこそ、この愚かさを面白おかしく感じることができます。しかし、振り返ってみるとどうでしょう。私たちはビジネスという反応の遅いシャワーシステムの中で、ハンドルを慌ただしく捻り続けていないでしょうか?

つまり、本来は打ち手に対して、すぐにその反応が返ってくるものではないのに、反応を待つことなく矢継ぎ早に介入してしまっているかもしれないのです。

売上が上がらないから何か施策を打ったとしても、即反応があることは稀でしょう。本来は、そこでしっかりとその効果を確かめるために、動きを止めて保留しなくてはならない。でも、待ちきれずに積極的に動いてしまった結果、その施策の本当の効果を把握することができなくなってしまうのです。

このことは、人間の挙動においても言えるでしょう。

人間は、何か他人から言われてすぐ変化できるものではありません。それにもかかわらず、言ったことがすぐに目に見える形で表れていないと、すぐに「やる気がない」「能力がない」などというジャッジをしてしまう。これは、他者というシステム内にある「遅れ」を認

識できず、すぐに積極的介入をしてしまうせっかちなリーダーによくある話です。

全ては「保留不足」が起こす罠です。「保留」できずに、不安定にさせてしまう出来事が至るところで起きています。

本来であれば、もう少し待っていれば「適温」になっていたかもしれないのに、良かれと思って積極介入したからこそ、問題をかえって不安定にさせてしまうこともあるのです。

この項の最後に、1つ引用して終わりにしたいと思います。

NHKに「100分 de 名著」という番組がありますが、次にあるのはフランツ・ファノンの『黒い皮膚・白い仮面』という書籍の回[※1]における伊集院光さんの発言です。

・・

「『諦める』ということは、『この人のことをもう知らなくていい』ということなので、完全な分断だと思うんです。そして、『答えが出た』ということは、そこで『偏見』が完成することだと思う。だから、一番大切なことは、『問い続ける』ことで、『よかれと思って言ったことがもしかしたら傷つけているかもしれない。じゃあ、こういう言い方をしたらどうなんだろうか』と思い続け、自分をバージョンアップし続けることではないか」

・・

「諦めは分断を生み、答えは偏見を生む」。

[※1]　2021年2月にオンエア。なお、この伊集院さんの発言は、番組ホームページの「プロデューサーAのこぼれ話。」欄に記載されている

この伊集院さんの言葉は名言だと思います。

　私たちは、この慌ただしい社会の中で、諦めと答えの中間地帯に身を置きながら、問い続ける術を覚える必要があるのです。

「知覚」した後は、解釈もせず、行動もせず、あえて「保留」してみる。

　そんな行動様式を自分の中に取り入れた時、世界の見え方は少し変わってくるのかもしれません。

第3章

裸眼思考のステップ3
記憶

ステップ 3 ｜ 記 憶

> **CASE** 　毎週の営業会議は、成績が未達の南直央にとって一番きつい時間だった。
> 「なぜなんだ？」「あれはやったのか？」「これはどうだった？」「そういうことだから数字が取れないんじゃないか？」
> 　周囲からの質問の形を取った詰問は、南にとって耐え難いものだった。
> 　ようやく苦痛な会議を終えてデスクに戻った時、優秀な営業成績を取り続けていた先輩の安田が話しかけてきた。
> 「南さんもいろいろ大変そうだね。でも、大丈夫。営業ってそんなに難しくないから」
> 「営業が難しくない……？」
> 「うん、そんな難しいことじゃない。南さんは１つのことを勉強すれば、ものすごく簡単になるよ」

南は安田の顔を見上げた。

「それはね、心理学だ。僕が営業成績を上げているのって、実はベースに心理学があるからなんだ。僕は心理学を学んでから、人間ってとても単純で、実はコントロールできるのだと理解したんだ。いくつかわかりやすいテクニックを教えようか？」

そこからの話は、南にとって発見の連続だった。もしそれで相手をコントロールできて、受注につなげられるのであれば早速試してみたい……。そう思った。

しかし、同時にちょっと安田の話に引っかかるところもあった。

「人間をコントロールする？」

安田の言い方と表情から、ひょっとして自分も安田にコントロールされているのか、という恐れも感じた。

でも、そんなことよりも、今考えるべきことは営業成績だ。南は頭を切り替えて、早速教わったテクニックをどう試すか頭の中で考え始めた。

「モヤモヤ」は すぐに忘却される

　裸眼思考の最後のステップは、「記憶」です。

　裸眼思考では、知識や目的の圧力から逃れて、五感を通じてこの世界を「知覚」すること、そしてその知覚したことを安易にわかったつもりにならずに、解釈しない状態で「保留」することを伝えてきました。

　しかし、すぐに解釈をせずに問いの状態で保留したとしても、すぐにその問いを忘れてしまっては仕方ありません。

　たとえば、本章冒頭のケースでは、南さんは安田先輩の「心理学で人間をコントロールする」という言葉を聞いて、瞬間的に違和感を覚えました。しかし、そのモヤモヤを抱えることができていたのはわずか数秒でした。

「ん？　ちょっとおかしいな」と思い、自分の中から問いが湧き上がってきたとしても、この事例のように、すぐに目の前の強烈な目的意識によって、その問いは忘却されてしまうのです。

　おそらく南さんは新たな営業テクニック獲得に向けて集中することになり、やがては自分が何に対して違和感を覚えていたのかすら、思い出せなくなるでしょう。

　このように、私たちの日常は、多くの瞬間で思考が「知覚」「保留」まで到達しているにもかかわらず、その先の思考に至らぬまま忘却されていきます。

　1日を振り返ってみても、自分がどんな問いを抱えていたのかを全く覚えていません。
　だからこそ、最後のプロセスとしての「記憶」が重要になるのです。

　それでは、具体的に「記憶」というのは何を指すのでしょうか？
　最もわかりやすいやり方は、保留した問いを文字として書き留めることです。
　冒頭のケースで考えてみましょう。南さんは安田さんの発言に一瞬違和感を覚えました。その後、自分の手帳の片隅でも、もしくはスマホのアプリでも何でも良いので、自分がモヤモヤした問いを振り返って残しておくのです。
　たとえば、
「自分は他者の心理をコントロールしてまで営業をすることに拒否感を覚える。一方で、他者に物を売る仕事である以上は、相手の心理状態を踏まえたアプローチが必要だとも考えている。この『他者の心理コントロールと、相手の心理状態を踏まえたアプローチ』の本質的な境目はどこにあるのだろうか？」
　といった具合にです。

もちろん、これらの問いは抽象度が高く、答えを出すのにそれなり
の時間がかかるもの。ですから、必ずしもこれらの問いにすぐに向き
合う必要はありません。というより、こういう問いに向き合い続けて
いたら、それこそ営業担当者として失格になってしまう可能性があり
ます。

　だから、実際の現場ではすぐに「レンズ思考」に立ち戻り、短期的
に数字を上げるための仮説を構築し、そこに最短距離の行動を実践し
ていく必要があります。

　そして、一息ついたタイミングでレンズを外し、この疑問に立ち戻
ればいい。

　**大切なことは、忙しい中において実践的な活動を繰り返しつつも、
そこから生まれてきた抽象的なモヤモヤも大切に記憶に残しておくこ
とです。**

　無理にその場で答えを出そうとせず、モヤモヤをなかったことにも
せず、記憶に残しておけばいいのです[※1]。

[※1]　ちなみに、Netflix に星野源さんとオードリーの若林正恭さんが対談する『LIGHTHOUSE』という番組がある。
　　　その番組内で、それぞれが毎日モヤモヤしたことを一言にして日記として綴っていく「一言日記」という仕
　　　掛けがあるのだが、「記憶」とこの「一言日記」のコンセプトはとても近いと感じた。たとえば、星野源さ
　　　んが書いた一言日記の例は、こんな感じだ。
　　　「みんなが賞賛する人が自分の好きじゃない人だったとき その自分をどう受容するのか」
　　　これなどは、立派なモヤモヤの問いだろう。まさにこういうことだ

冷静な対話で
記憶に残す

　しかし、日々忙しく過ごしているあなたにとって、モヤモヤするたびに、手元に問いを書き残すという行為にハードルの高さを感じるかもしれません。

　もちろん、書き残すと言っても数行程度の話ですが、それでも書くことが習慣になっていない人や書くことに苦手意識がある人にとってはなかなか厄介なことでしょう。

　そんな場合は、誰かと対話することによってモヤモヤを言語化し、記憶に残しておくことをお薦めします。

　ちなみに、私自身は、毎朝配信している Voicy において、答えのない問いを音声として残すことをルーティンとしています。

　私の番組では、「荒木博行の book cafe [※1]」という番組タイトルをつけている通り、本について語るチャンネルなのですが、本を読んでスッキリすることはありません。その本の内容を理解しつつも、それを実践しようと思えば、とてつもなく難しい。必ず何らかの割り切れない問いが残ります。それを番組内で解決策を提示することなく、その難しさだけを歯切れ悪く語るのです。

　1つのことを理解したと思ったら、その3倍くらいのモヤモヤが残る。どんな本を読んでも、私の読後感はそのような割り切れなさが残ります。リスナーを前にしながらその問いを語り、リスナーを巻き込んで一緒にモヤモヤするのです。

[※1]　2018年12月に開設し、1日も休むことなく毎朝6時に公開している。毎日連続で5年以上続いているが、我ながら異常としか言いようがない

3

裸眼思考のステップ3　記憶

第**2**部

たとえば、安部公房の『砂の女[※1]』について語ったことがあります。ストーリーの魅力を紹介しつつも、私が語ったモヤモヤはこんな感じでした。

「誰かに邪魔をされないという消極的自由は、自分の意思で何でもできるという積極的自由よりも価値が低いのか？[※2]」

　この問いの詳細な解説は省きますが、はっきり言ってわざわざこんな小難しいことを考えずに、小説のストーリーや世界観の楽しさを伝えることに徹すれば、もう少しリスナーも増えると思います。

　しかし、モヤモヤしてしまうのですから仕方ありません。そして、そのモヤモヤを語らないとその問いをすぐに忘れてしまうので、この音声チャンネルを「記憶」の手段として使っているのです。こうやって自分が抱えている違和感を語ることで、自分の頭が整理され、自分がどんな問いの前で立ち止まっているのかを自覚することになるのです。

　しかし、この他者と語り合う時に気をつけなくてはならない点が1つあります。

　それは、モヤモヤを「感情的にならずに」語るということです。

　やってみるとわかりますが、これがなかなか難しい。「違和感」や「モヤモヤ」というのは、「怒り」という感情との距離が近いからです。だから、他者に対して違和感を語っているうちに、いつの間にか怒ってしまっていることがあります。

[※1]　『砂の女』／新潮文庫 は安部公房の 1967 年の作品。映像化もされた。砂まみれの家に迷い込んでしまい、そこから逃れられないというなかなかホラーテイストのある文学作品だ
[※2]　消極的自由と積極的自由という概念は、アイザイア・バーリンが提唱した自由概念だ。『砂の女』にはこの対比がわかりやすく描かれている

では、なぜ感情的にならずに語る必要があるのでしょうか。

それは、怒りという感情は、「知覚」や「保留」を通じて培った繊細で微妙な疑問をすっ飛ばさせ、第三者に対する非難や糾弾に脳内リソースを持っていかれてしまうからです。

たとえば、同僚の冷たい態度にモヤモヤしていた人がいるとしましょう。ひょっとしたらその態度の原因は自分にあったのかもしれない。自分が何らかの非礼を働いた可能性もある。確定的なことが言えないから、モヤモヤしているのです。

しかし、他者に話しているうちに、相手の反応に乗せられて、いつしかそのモヤモヤがその同僚に対する怒りや批判に変わってしまう場合があります。もちろん、そのような怒りや批判があるほうが話としては盛り上がるでしょう。

しかし、その対価として、当初感じていたモヤモヤの背景にある繊細な「問い」の存在は消えて失われてしまうのです。

「違和感」や「モヤモヤ」といった感情は、別の感情によって容易に上書きされてしまうだけの弱い存在です。そして、厄介なことに「怒り」という強い感情との距離が近い。横にガソリンがあるような状況です。だからこそ、「モヤモヤ」を語る時は、すぐに着火してしまう感情的要素を除いて、自分が何に戸惑ったのか、ということを自分で客観的に眺めるような形で語る必要があるのです。

「単純化幻想」に陥らないために、「記憶」する

なぜそこまでして、モヤモヤとした答えの出ない問いを記憶しておく必要があるのでしょうか？　モヤモヤしたものは、むしろ忘れ去ってしまったほうがスッキリするはずです。

モヤモヤを記憶する最大の理由は、私たちが謙虚であり続けるためです。

私たちは、この世の中が単純であってほしいという「単純化幻想」を持っています。問題はシンプルだし、それを取り扱う人間もシンプルであってほしい。だから、解決策だってちょっと考えれば、すぐに実践できてしまう。そうあってほしいと願っています。

しかし、実際はそんなことはありません。残念ながら私たちにこの世の中をシンプルに捉えて、実行しきる能力なんて備わっていない。

エネルギー問題にせよ、人口問題にせよ、昔からある問題は、今も変わらず問題として残り続けています。何かを解決したと思えば、予想もしなかった形で新たな問題が顕在化してきているだけです。

人間だってそうです。よく知っているはずの友だちやパートナーのことも、実のところどんな人間なのか何1つわかっていません。何かに対してわかったと思えば、次の瞬間想定外のしっぺ返しを喰らうのがオチです。

周囲を見渡せば、人智を超えた複雑な存在ばかりで、単純な世界など幻想に過ぎません。

世の中はシンプルであってほしいのに、想像もつかないレベルの複

雑さを持っている……。

この当たり前のことをリマインドするために、モヤモヤした問いを手元に残しておくことに意味があります。

そうすることにより、もう一度世の中のことを謙虚な姿勢でしっかり知覚しようとするからです。

本当に「単純化幻想」なんて持っている人はいるのか？　と思うかもしれません[※1]。

しかし、ビジネスの現場にいれば、私たちは常に「単純化幻想」と紙一重のところにいます。

たとえば、自分の担当するビジネスにおいて、意図通りの結果が出た場合。たとえば、他者を思い通りに動かせた場合。

このような時、私たちは謙虚さを忘れて、傲慢の橋を渡り、この世界を動かすためのシンプルな方程式があると語り始めるのです。

本章の冒頭のケースで安田先輩が「心理学を使えば他人を簡単にコントロールできる」と語りましたが、これも「単純化幻想」に冒されてしまった状態と言えるでしょう。

そして、一旦「単純化幻想」に陥ってしまえば、目の前にある複雑な実態を知覚することなく、自分の脳内のシンプルな願望を実態のように捉え始めてしまうのです。

だからこそ、私たちには「記憶」というプロセスが大事になります。世の中は複雑だと常にリマインドするからこそ、謙虚にまた「知覚」に至ることができるのです。

[※1]　実際に、成功した経営者には強烈な「単純化幻想」を持っている人が多くいる。投資家を説得し、社員を信じさせるためには、ある程度「世の中の仕組みがわかっている」というスタンスを取る必要があるからだ。そのジレンマをジレンマとして感じている経営者はいいが、時に本気で世の中が単純であると過信した経営者に出会うこともある。この微妙なスタンスを見極めることは重要だ

ここまで裸眼思考を「ステップ1　知覚」→「ステップ2　保留」→「ステップ3　記憶」という3段階で伝えてきました。

「記憶」が溜まればまた深い「知覚」に至ることができるという意味において、裸眼思考はサイクル運動なのです。

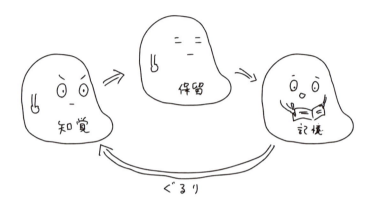

「レンズ思考」と「裸眼思考」を同時に使いこなす

　しかし、この「裸眼思考」は、「記憶」で終わってしまってアクションにつながらないのではないか、という意見もあるでしょう。

　経営者やリーダーとしては、記憶しているだけで行動につながらなければ成果には至らない、と。

　そこで、本章の最後に、「レンズ思考」と「裸眼思考」の棲み分けや使い分けを整理しておきたいと思います。

　結論から言えば、「どちらか」というよりも「どちらも」組み合わせて使うことが現実的でしょう。

　たとえば、自分の組織メンバー（牧野さん）から、同僚との関係性が悪くなったという理由で退職の申し出があったとします。

　その際、リーダーとしては、「レンズ思考」を活用しながら、牧野さんを引き留めるべきか、それとも諦めて善後策を考えるべきか、瞬時に判断する必要があるでしょう。

　そして、話しぶりを聞きながら、瞬間的に「これは決意が固い。無理だ！」と判断したら、穴埋めのためのアクション候補を脳内でリストアップし、最も現実的な打ち手をすぐに選び出すことになります。他部署や上司との交渉が必要になるかもしれず、そのための交渉材料をすぐに確保する必要があるかもしれません。

　おそらくここに至るまで、わずか5分程度。耳では牧野さんの話を聞きながらも、頭は穴埋めに向けたアクションに焦点を定めながら、何手か先のことまで考えているはずです。

そして、このような思考モデルは、ある程度経験を積んだビジネスパーソンであれば、おそらくサバイバルスキルとして身についていることでしょう。

このように落とし所に焦点を当てながら迅速に処理を進めていく「レンズ思考」を駆使することは、現場を預かるリーダーにとって大切なことです。

しかし、このような「レンズ思考」が加速してしまうと、本当の課題が不在のまま、脳内シミュレーションだけで話が進んでいきかねません。

「本当は牧野さんは何が言いたかったのか。本質的に辞めるということに至った背景はどこにあったのか」そんなことが全く把握できていないまま、「聞いたつもり」「理解したつもり」になってしまっている可能性はないでしょうか。

そして、リーダー本人の中で勝手に理解しやすいストーリーが組み立てられ、「牧野は打たれ弱いから辞めるんだ」と単純化してしまう。そして、後任となる人材もめでたく確保することができ、仕事をやり遂げた気になってしまうわけです。

本当は、自分の仕事のやり方や組織運営に退職理由があったかもしれないにもかかわらず、です。それなのに、後任が手配できた段階で問題は一件落着となってしまうのです。

このように「レンズ思考」というのは短期的な対症療法においては有用である反面、表面的な課題解決に終始してしまう可能性があります。

だからこそ、「レンズ思考」的なアプローチを使いつつも、もう一方で「裸眼思考」を用いて、課題の本質を全感覚を使いながら知覚しようと努める必要があるのです。

そして、安易に「打たれ弱い」とか「あいつが悪い」といった解釈

をせずに、一旦その状態で保留してみる。そして、そのモヤモヤした問いを書き留めておくのです。

課題ばかりのメンバーを抱えて組織をつくることの難しさに、改めて頭を悩ませるかもしれません。そこには歯切れの悪い言葉が並ぶでしょう。「こうすれば人を動かせる」とか、「これをやればいい組織ができる」なんていう単純化とはほど遠い、面倒臭い悩みが綴られるはずです。

しかし、そのモヤモヤとした苦悩は「だからこそ、もっと人に向き合おう」という姿勢に変わっていくのです。

リーダーとして仮説を考え、必要な打ち手を迅速に実行する。しかしそれで終わるのではなく、その裏側で、モヤモヤした割り切れない感情を抱え続ける。

このような思考のチャンネルを2つ、同時に使い分けていくことが大事なのです。

では、ここまでのコンセプトを踏まえて、第3部ではよりイメージを鮮明にするために、具体的な事例を通じて裸眼思考の本質に迫っていきましょう。

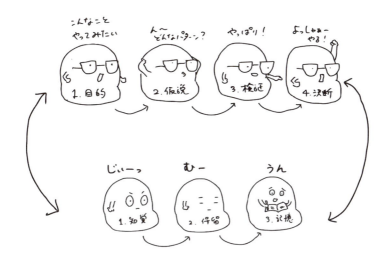

第3部 裸眼思考実践編

裸眼思考を日常的に実践する

第1章

転職検討 × 裸眼思考

場面 01 竹内はコンサルティング業界へ転職すべきか?

　ここまで、裸眼思考とは何か、その全体像をお伝えしてきましたが、より実践的なイメージを持っていただくために、日常的な場面の中でどう活用していくのか、具体例をもとに考えていきたいと思います。

CASE 竹内誠は信じられない気持ちだった。念願の戦略系コンサルティングファームからの内定通知が届いたのだ。

　竹内は電機メーカーの5年目社員だった。配属は営業部であり、数回の異動を経て一通りの営業経験をしてきていた。しかし、竹内は4年目に入った頃から、コンサルティング業界への転職欲求が高まっていた。

　学生時代、同じ研究室で憧れていた先輩の原田さんがマッキンゼーに転職し、そこでの話を聞いたことがきっかけだ。原田さんは多忙そうではあるものの、年収は自分の数倍あり、何よりも自分の頭だけで稼いでいるという原田さんのプライドが竹内を刺激した。

「自分もあの原田さんのようになりたい……」

　そう思ってからの竹内の動きは早かった。どのコンサルティングファームがいいのか、どうすればコンサルティングファームに入れるのか、それを短期間でリサーチし、そして準備を完璧に整えた。コンサルティングファームに熱中すればするほど、

竹内には社内の人間や自分の担当業務はとてもレベルが低いように見えてきた。

「こんな内向きな人たちがこんなレベルの仕事で満足しているから日本は変わらないんだ」と呆れと憤りのようなものも感じていた。

しかし、その生活にもそろそろ終止符を打つことができると思うと、竹内の心は少し軽くなった。

「自分もコンサルタントの仲間入りか……」

竹内はこれからの自分のキャリアがどう展開していくのか楽しみだった。

志望業界に対してどのような姿勢で向き合ったか？

　この竹内さんの転職事例は、一見すると何の問題もないと感じる人がいるかもしれません。自分の理想とするキャリアを定義して、そこに向けて準備をする。そこには何の違和感もないでしょう。

　しかし、もう少し根源的な部分に疑問が残ります。それは、竹内さんがコンサルティング業界に入りたかった理由についてです。

　もちろん、竹内さんはコンサルティング業界の将来性や自分の適性などを考慮した上で志望に至ったはずです。しかし、**重要なのはその検討プロセスにおける、竹内さんのこの業界に向き合う態度です。**

　もし、コンサルティング業界の強い記号情報や原田先輩に対する憧れによって、「コンサルこそ天職である」というレンズをかけたまま検討していたのであれば、その過程で得られた情報は偏見にまみれたものになります。レンズの度が強すぎて、世界が歪んで見えていた可能性が高いのです。

　自分の社内の人たちを「レベルの低い人」、コンサルタントを「レベルの高い人」という、とても粗く雑な二元論的視点で見始めたのも、レンズの度が強くなっていた証です。

　目的や知識の引力が強力になれば、レンズの度は強くなり、徐々に周りの世界は歪んでくるのです。

　では、コンサルティング業界をもう少ししっかり知覚するためには、どうしたら良いのでしょうか？

そのためには、その業界にいる人と多く接点を持ち、「自分はコンサルティング業界に入るのだ」という目的意識を放棄した状態で、フラットに観察することが必要です。

　目的意識やコンサルティング業界に対する知識を強く持った状態だと、「コンサルティング業界は自分にフィットしているに違いない」という仮説を裏付けるための情報を集めてしまうからです。
　だから、レンズを外して、裸眼の状態で世の中を感じてみる必要があるのです。

自分の身体反応に着目せよ

とっかかりとしては、定点観測。つまり視点を定めて複数人を反復的に観察する（見る・聞く・話す）ことです。

しかし、実際には会える人数には限りがあるでしょう。そこでそれがたとえ一人であっても、強い思いを手放した状態で知覚できるか、ということが重要になります。

おそらく、フラットな状態で知覚できれば、ネガティブな側面も見えてくるでしょう。 それらの観察情報を踏まえて、自分は本当にここでキャリアを築きたいのか、という点を「内受容感覚レベル」に問う必要があります。

頭は年収や世間体などを合理的に計算します。しかし、**頭ではなく、身体に問うて、身体が発する声に耳を傾けてみる、ということです。**

そして、当然のことながら、その問いに Yes と答えられるのであれば、胸を張って転職すればいいのです。

しかし、身体反応がネガティブなのであれば、焦って今すぐ行動する必要はありません。身体が従わないということは、まだ答えの出せない（出したくない）モヤモヤした問いが残っているということだからです。

それでも転職を決めてしまえば、そのモヤモヤとした状態から解放されるでしょう。「私はコンサルティング業界に行くのだ！」と宣言した時の解放感を考えれば、多少のことには目をつぶってもう決めて

しまいたいという気持ちもわかります。

もし身体反応に従うのであれば、改めてレンズを外して、自分にストップをかけている大事な「問い」の前で一旦立ち止まり、その正体を探ってみるのです。

その問いは、「自分は何のために働くのか？」という根源的な問いかもしれません。もしくは、「自分がコンサルティング業界に行きたいと言っているのは、その仕事に興味があるからではなく、そのほうが他人に誇れるからだと思っているのではないか？」という嫌な問いかもしれない。

このように、自分の喉に刺さった小骨のような問いには、すぐに答えを出すことはできないでしょう。だとしたら、答えを出さずに、その問いを宙ぶらりんにした問いのままの状態で記憶にストックしておけばいいのです。

もちろん、自問しながら身体反応を見極めるというのはそれほど簡単なことではありません。

オーストリアの詩人であるリルケは、『若き詩人への手紙[※1]』において、「自分は本当に詩人になれるのか？」と問う若き詩人志望者に対してこう語ります。

・・

誰もあなたに助言したり手助けしたりすることはできません、誰も。ただ1つの手段があるきりです。

自らの内へおはいりなさい。あなたが書かずにいられない根拠を深くさぐって下さい。それがあなたの心の最も深い所に根を張っているかどうかをしらべてごらんなさい。

[※1] 『若き詩人への手紙・若き女性への手紙』リルケ／新潮文庫 P.15 より引用

もしもあなたが書くことを止められたら、死ななければならないかどうか、自分自身に告白して下さい。

　何よりもまず、あなたの夜の最もしずかな時刻に、自分自身に尋ねてごらんなさい。私は書かなければならないかと。深い答えを求めて自己の内へ内へと掘り下げてごらんなさい。

　そしてもしこの答えが肯定的であるならば、もしあなたが力強い単純な一語、「私は書かなければならぬ」をもって、あの真剣な問いに答えることができるならば、そのときはあなたの生涯をこの必然に従って打ち立てて下さい。

　これはリルケの言葉の中でも私が特に好きな一節ですが、ここに問いへの向き合い方のヒントが書かれています。それは、自問するためには、問いを鋭く磨き、そして、「夜の最もしずかな時刻」とあるように、内省できる静かな環境をつくるということです。

　日頃のノイズから解放され、たった一人、心穏やかにいられる場所を選び、自分の内面に問いを突き刺しながら深くダイブしてみる。それくらいの態度で自分に向き合うことによって、ようやく自分の内面から声は聴こえてくるのです。

問いを保留しながら行動する

　先ほど、「身体反応がネガティブなのであれば、焦って行動する必要はない」と言いましたが、答えが見つからないからと言って、必ずしも「何も行動するな」ということではありません。

　答えが見つからなくても、とりあえず転職してみるという行動だって、もちろんアリです。

　なかなか答えの出ない問いを前にして、立ち止まっていても意味がない時もある。だから、時には思い切ってジャンプしてみることが人生の解決策になることもあるはずです。

　しかし、**行動する際に忘れないでほしいのは、保留していた問いの存在です。**

　転職しても保留した問いは消えたわけではないのですから、転職をしたのであれば、保留していた問いについて、改めて答えを考えてみる必要があるのです。

　こういうタイミングで語られる「迷ったら行動せよ」という王道アドバイスは、重要な部分が抜けています。正しく言うならば、**「迷ったら自分が迷っている問いの存在を確認せよ。そして行動した上でその問いについて振り返れ」**ということなのです。

　実際に転職しようが元の会社に残ろうが、望み通りの結果にならないことはあるでしょう。「失敗した」と思う時も来るかもしれません。しかし、その結果として、自分が保留していた問い、たとえば「自分

は何のために働くのか？」という問いの答えがはっきり理解できれば、その転職は決して間違った選択ではないかもしれないのです。

「コンサルこそが天職だ！」という度の強いレンズをかけたまま行動し続けても、世界は歪んだままです。コンサルティング業界が天職でなくてはいけなくなってしまう。そのレンズに映る世界からは、「問い」という弱い存在は脆く消え去ってしまいます。

　大事なことは、いざという時に「自分はレンズをかけて世の中を見ているのかもしれない」ことに気づき、レンズを外す努力をしてみる、ということです。

　特にキャリアのとある段階において、私たちは強く何かを信奉し、世界はこうであってほしいと強く何かを希求してしまうことがあります。

　そんな時こそ、世の中をフラットに眺め、自分の身体から湧き上がってくる問いの正体を考え、ホールドしてみることです。そうすれば、キャリア選択に成功も失敗もなくなるはずです。

ファシリテーション×裸眼思考

場面 02 | 宇野の会議進行は成功するか？

CASE 経営企画部の宇野達哉は、頭の中にあるシナリオを最終確認した。

これで大丈夫だ。今日の会議ではうまく結論に着地できるはずだ……。時計は12：55を指していた。5分後には3つの営業部から、各営業本部長が集まり、今後の営業戦略の方針を決める2時間の会議がスタートする。

2年に一度行われるこの営業戦略会議は、議論が紛糾し、営業本部長同士が険悪な空気になって終わるのが通例だった。今回初めてファシリテーターを任された宇野は、2年前の失敗とも言える会議運営を目の当たりにし、徹底的な準備とプレゼン資料作成が必要だと考えた。

宇野は3つの営業本部を徹底的にリサーチするとともに、それぞれの本部の傾向や課題をエビデンスも含めて洗い出した。これまでの会議では、感情論に訴えるだけで、根拠やロジックに欠けていたというのが宇野の見立てだった。

だからこそ、それら全ての要素をスライドに落とし込み、想定問答集まで完璧に仕上げた。

3つの営業本部とも、それぞれストレッチした目標に合意してもらわなくてはならない。どの本部も自分たちだけが割りを

食ったという印象にならないように、適切な数値を提示し、納得してもらう予定だ。

　あとは本部長たちが非合理的なことを言い出さない限り、このスライドで1枚ずつ合意を取っていけば着地できるはず。宇野はプリントアウトしたスライドを改めて眺め、不安を打ち消した。

　よし、時間だ。みんな集まった。後はシナリオを再現するだけだ。

　宇野はおもむろに立ち上がり、練習していたセリフを切り出した。

「今日はお忙しいところお集まりいただき、ありがとうございます……」

「コントロール思想」の危険性

　この事例における宇野さんの準備はとても入念であり、その姿勢は何も問題はなさそうです。しかし、残念ながらこの会議は成功しない確率のほうが高いでしょう。

　それは、なぜか。
　宇野さんは、シナリオの実現にこだわりすぎて、現場の状態についての知覚が欠如している可能性があるからです。

　皆さんも息苦しい会議に参加されたことは数多くあるはずです。その息苦しさを生み出す代表的な理由は、会議の主催者側が持つ強い「コントロール思想」です。
　参加者を道具的に見なし、想定通りに動かそうとする。そして、もし想定外の発言があれば、拒否反応を示して排除しようとする。

　皆さんの記憶を振り返ってほしいのですが、そんな会議に参加してしまった時の参加者の態度は2つしかありません。何も言わずに表面的に従ったフリをするか、徹底的にその会議のあり方を否定するか、です。
　中途半端に疑問や意見などを提示しようとしても、否定されて気分が悪くなるだけですから、反応はいずれか極端にならざるを得ません。
　そして、この自分たちの業績がかかった営業戦略会議では、おそらくこの宇野さんのコントロール思想に対して、反対や批判という言動

に出るでしょう。

　皮肉なことに、この宇野さんの作り上げたロジックが正しければ正しいほど、感情的なリアクションになるはずです。

　宇野さんが避けたかった2年前のような感情的な議論が、宇野さんに矛先が向く形で起きてしまう可能性があるのです。

入念に準備して、忘れる

では、宇野さんはどうすべきなのでしょうか？

この準備は間違っていたのでしょうか？

もちろん、入念な準備そのものは間違っていません。根拠を揃えながらロジックを組み立てていくことは、とても重要なことです。

しかし、会議前に入念な準備をするというのは、度の強いレンズをかけるということでもあります。

だから、そのままの状態で会議に臨んでしまうと、シナリオに囚われて会議室内が歪んで見えてしまう。だから、レンズを一旦外すという行為をしなくてはなりません。

私もよく会議やイベント登壇の場面でファシリテーターを任されますが、その時に心がけることがあります。**それは、「事前準備は入念にするが、現場では準備したことを全く忘れる」ということです。**

「全く忘れる」と自分に言い聞かせることにより、現場で起きている環境の認知にリソースを使うことができるのです。目の前にいるのは、シナリオ通りに機能する機械ではありません。感情を持ち、常に変化している人間です。

そしてその人間たちが、その時にしか生み出されない「場の空気」を作っています。その空気に意識を向けなくては、難易度の高いファシリテーションはうまくいくはずがないのです。

もちろん全く忘れると言っても、入念に準備したのだから、実際には全く忘れることなんてできません。だから、いざという時には準備した記憶を辿って、適切な主張をすることができる。つまり、頭が忘

れようが身体はちゃんと覚えているのです。

「入念に準備して、全く忘れる」という矛盾について、私の知人の哲学者である谷川嘉浩さん[※1]が、鶴見俊輔の言葉を引用しながら、巧みに表現した一節[※2]があるので、それをそのまま紹介したいと思います。

・・

　日本のプラグマティストである鶴見俊輔は、「竹刀を握るときは軽く握らないとダメだ」と書いたことがある。「パーンとやられたときはパッと取り落とすくらい軽く握るのが、竹刀のいい握り方で、必要ならもう一度拾えばいい」というような話だ（鶴見俊輔『流れに抗して』編集グループ SURE）。これは、仮説（理論）との付き合い方についての、うまいメタファーになっている。

　しばしば私たちは、刷り込みのように1つの考えを「答え」だと思い込んで、ギュッと握り込んでしまう。しかし、それでは上達しないし、いい試合にもならない。竹刀を握り込むのではなく、パッと取り落とすこと。それは、状況の微細な変化に反応できるだけの身体を持つことを意味している。

・・

　まさに、ここで書かれている「竹刀を軽く握る」という表現は、「入念に準備して、忘れる」という状態を表したこれ以上ないメタファーだと思います。

シナリオ通り実現しようと力みすぎてはうまくいくはずがありませ

[※1]　「京都市在住の哲学者」であり、各種メディアで大活躍中の谷川嘉浩さん。ジョン・デューイの研究者であるが、ヒット作『スマホ時代の哲学』／ディスカヴァー・トゥエンティワンのように、その守備範囲は幅広い。

[※2]　「プラグマティズム」から考える仮説的思考、あるいは哲学の魔法 | 哲学者・谷川嘉浩 https://desilo. substack.com/p/yoshihro-tanigawa-pragmatism より引用

ん。いつでも手放せるように軽く握っておく。それくらいの力加減で良いのです。

> **コラム**　**演技論から見る「その場の空気」**

　私の知人の役者である石田淡朗さん[※1]は、演技において重要なことを「場に漂っている空気を掴まえて、その空気に乗せること」と表現しました。

　演技の初心者は、自分の役柄やセリフにばかり意識が向いてしまって、その場にどんな空気が流れているかを掴まえようとはしません。結果的にとても型にハマった役割中心となり、芝居っぽい演技になってしまうのです。

　しかし、熟達者は違います。舞台に立つその役者たちの今日のコンディション、そして舞台を囲む観客の熱量などを知覚して、その場の空気を敏感に感じ取って、そこに合わせた演技をするのです。

　演技というのは役割もセリフも決まっていて自由度がないように感じられるかもしれません。しかし、その見方は全く違うと石田さんは言います。

　たとえセリフが決まっていても、声の出し方、抑揚のつけ方、間のとり方など無数の変数があります。その変数を、その場に漂っている空気に応じて適切に組み合わせることによって、役者は唯一無二の表現ができるのです。

　だから、本当の熟達者は、その場の空気を踏まえて、その場限りの適切な演技を提供することが可能になる。毎回同じ調子でしかセリフを言えないアマチュアとの違いはそこにあるのです。

　場には必ず漂っている空気があります。まずはその存在を知覚し、それに乗ってみること。

　その点では、演技も会議も同じなのです。

[※1]　石田淡朗さんは狂言師でもあり、本場イギリスの演劇を学んできた稀有な経験を持つ演劇のプロフェッショナルである

目的を手放すからこそ、目的に近づける

　もう少し具体的に、宇野さんがどう行動するのが良いかを考えてみましょう。

　まずは、一旦営業戦略会議のシナリオや着地点を忘れて、目の前に漂う「場の空気」を知覚する必要があります。
　「今日のこの場にはポジティブな空気が流れているのか」「カタさが残っているのか」「焦っている人はいないか」。
　今この瞬間に流れている場の空間を知覚することです。

　もちろんその場で何もせずに知覚することは難易度が高いので、今どんな気分なのかを一人ずつ語ってもらう、いわゆる「チェックイン」という対話を通じて会議をスタートすることができれば、その日の「場の空気」をより知覚することができるでしょう。
　いずれにせよ、相手は機械ではなく、生身の感情のある人間です。だとするならば、それぞれが今日この場に持ち込んだ感情を認知することから始めることが重要です。

　ここで大事なことは、「目的」と「知識」を手放すということです。「本部長たちに数字の合意を取るぞ」という強い目的意識や、「この本部長はこういう性格だ」という知識は、知覚を歪める可能性があります。
　それらを一旦手放し、目の前の人物に対して視覚や聴覚のリソースをフルに向けるのです。**その結果、表情の変化や、声のトーン、話す**

ペースから、言葉以上の何かのメッセージを受け取ることができるでしょう。

　もちろん、目的を一旦手放したところで、目的から解放されることはありません。この場で本部長たちから合意を取り付けることのミッションは残り続けます。

　しかし、参加者に最大限の関心を持つという姿勢は、おそらく本部長たちに伝わるはずです。「この経営企画部の担当者は、自分たちに関心を持ち、そして対話をする準備がある」と。

　言うまでもなく、その姿勢だけで目的が実現できるような単純なことではないでしょう。営業戦略とは違う話に脱線して貴重な時間をロスするかもしれない。

　しかし、目的ばかりを考えて、目の前にある存在を手段化するような態度よりは、最終的によっぽど前向きな議論になるはずです。「目的に最短距離で！」という目的至上主義の姿勢は遠回りの可能性があります。むしろ、目的を手放すからこそ、かえって目的に近づくことができるのです。

問いはしっかり保留せよ

　これは戦略方針を決定するという使命を持った会議です。

　どれだけ「場の空気」を知覚したとしても、最終的に決めるべきところは決めなくてはなりません。

　ビジネスには厳守すべき期限がつきものです。完全に合意できなかったからといって、結論そのものは保留してはならない時があるのはご承知の通りです。

　したがって、時間が終盤になれば、完全合意を待たずに強引に決め切るということをしなくてはならないこともあるでしょう。そこは、一旦忘れた知識などを活用しながら、「レンズ思考」で仮説主導的に落とし所に向けて一直線に進んでいくことにもなるはずです。

　しかし、いくら「レンズ思考」的に進めていくとしても、忘れてはならないことがあります。**それはその議論の過程で残った「問い」については、ちゃんと「保留」し、「記憶」しておくということです。**

　たとえば、この営業戦略会議のケースであれば、「研究開発部門からの期待の新製品は予定通り出るのか？　もし、それが遅れた場合の目標数値の修正はどのタイミングでどの程度行うのか？」といった問いが残るかもしれません。

　営業サイドとしては死活問題ですが、その回答が現時点で用意できていなかったとしても決着を遅らせることはできない状況だとしましょう。そんな時は、決めることは決めた後で、「保留した問い」として明示し、回答すべき責任者を決めておくのです。

1

裸眼思考を日常的に実践する

第3部

157

この手の議論の途上で投げかけられた問いは、会議の目的に到達した際に雲散霧消してしまうことが多い。しかし、それだけでは「決めた／決めない」という大雑把な話だけに終わってしまいます。

　目的を踏まえて決めるべきことをちゃんと決めるというのは大事なこと。
　そして、**もっと大切なことは、その過程でどんな「問い」の存在に気づいたか、ということにあります。**
　スポーツでたとえるなら、試合の勝敗とは別に、その試合で顕在化した課題をちゃんと定義しておくということです。
　勝った、負けたも大事ですが、それだけに一喜一憂しているチームに進歩はありません。それと同様に、目的に到達したかどうか以上に、どんな「問い」を保留し、記憶に残したのか、ということが大事なのです。

> **コラム** **私のファシリテーションの失敗**

　この宇野さんの事例は、実は私の20年前くらいの実体験に基づいているものです。

　私がコンサルタント[※1]を務めていた時のことです。経営者育成の目的で、とある企業の役員候補の方々十数名を集めて、会社の経営課題を特定して解決策を社長に提案するという長期プログラムに携わっていた時がありました。

　このプログラムは、グループを組成し、グループ単位で経営課題に取り組むという形式であり、そのキックオフの場でのことです。

　キックオフでは「どの経営課題を」「どのメンバーと一緒に」取り組むかという2つの論点について決める必要がありました。

　若き日の私は、事前に個人で提出された経営課題候補をベースにし、似たようなメンバーたちを集めてグループを組成することとし、そのアイデアを自分なりに取りまとめて参加者に提示する、ということをやりました。

　レベル感も範囲もバラバラな十数名分の経営課題リストを眺めながら、メンバーの所属や肩書きのバランスも考慮し、最大限にうまくいくように配慮して組んだグループでした。

　このグルーピングは非の打ち所がない！

　そう考えた私は、会議が始まると同時に自信満々にその内容をスクリーンに投影しながら発表したのです。

　しかし、自信満々な私のプレゼンとは裏腹に、参加者からの反応は散々なものでした。

「なぜ私がこの課題をやらなくてはならないのだ？」

[※1]　正しくは2005年のこと。当時、私はグロービスに所属し、人材育成のコンサルタントを努めていた

「この経営課題に対して、専門家がいないこのメンバーでどうやって取り組むというのか?」

　そんな批判的な意見が上がったのです。それらに対して私は1つひとつ丁寧に理屈を説明していたのですが、さすがにその反抗的な態度に徐々に苛立ってきました。

「そんなことを言っても、誰かが割りを食わなきゃいけないんだ。だったらこのパズルを誰か解いてみろ!」という気持ちが全面に出て、お互いに文句の言い合いのような感情的な議論になってしまったのです。

　その流れを変えたのは、とあるリーダー格の参加者の建設的な発言でした。その方がおもむろに立ち上がり、「だったらこうすればいいのではないか?」という逆提案をしたのです。

　そこからはそのアイデアをベースに、みんなで加筆修正がなされ、合意に至りました。

　私のプレゼンを終えてその後も紆余曲折あり、結論が出たのはその2時間後。しかし、その合意内容は、当初私が提示したアイデアとほとんど変わらなかったのです。テーマの抽象度や言葉遣いに一部変更がなされ、メンバーが2、3人移動しただけのこと。

「結局は同じことじゃないか。2時間かけた意味があったのか?」

　合意に至ったことにほっとしつつも、当時の私はそう言いたくなりました。

　しかし、今から考えれば、あれは私の強い目的意識に基づくコントロール思想に対する反発だったのです。

　少なくとも私はその場において、「場の空気」を知覚していなかった。それぞれのメンバーたちがどんな感情を持ち、どんな意識でこのプロジェクトに臨んでいるのか、ということに関心はありませ

んでした。

　事前に提出された文字情報だけを頼りに、論理的な整理をし、その整理を承認させることしか考えていなかったのです。

　冷静に振り返れば、その知覚を失った私の姿勢に反発があって当然です。あの時、私は強い目的意識と過去の知識というレンズを両眼にかけ、目の前の人たちを全く見ていなかったのです。

　この経験は、私のファシリテーターとしての持論である「入念に準備して、忘れる」という示唆につながる大きなきっかけとなったのでした。

社内アンケート×裸眼思考

場面 03 | エンゲージメントスコア はなぜ落ちたのか?

CASE カスタマーサクセス部の部長である長谷川康代は、会場スクリーンに投影された資料を見て、我が目を疑った。

今日は毎年1回行っている全社のエンゲージメントスコアの発表のための全社ミーティングだ。エンゲージメントスコアとは、メンバーがその組織や業務にどれだけ真剣に思いを持って取り組んでいるか、ということをメンバーに対するアンケートを集計して算出される数値を指す。

当然ながらこのスコアが高いほうが好ましく、そのスコアにはリーダーの成績的な意味合いもある。リーダーが嫌われている組織のエンゲージメントスコアは総じて低く、ある種の残酷さがつきまとう。

そのために、アンケート直前の時期になると、リーダー陣はそれまでの振る舞いを改め、メンバーに寄り添った行動を露骨にする人もいるくらいだ。

長谷川が率いるカスタマーサクセス部は、5年前に4.2という全社ナンバー1のスコアを叩き出したが、それ以降は徐々に下降傾向を見せていた。

そこに危機感を覚えた長谷川は、1on1を仕組み化し、全員と対話の機会を増やすなどの努力をしてきたつもりだった。

「今年の努力を踏まえれば、最低でも昨年割った4点台を取り

戻せる……」長谷川はそんな自信を胸に、全社会議に向かったのだった。

　そして今年、約300名の社員が集まる中、全部署ごとのスコア一覧表が投影された。
　そこには、カスタマーサクセス部が他部署と比較しても明らかに凹んでいる様子が見てとれた。
「5段階で3.5……？　そんなばかな！」
　全社平均は3.7の中での3.5だ。長谷川は昨年4点を切ったことへの衝撃以上のショックを受けていた。

「これは何かの間違いなのでは？」
　たまらずに、長谷川は会議終了後に人事部を訪問した。
「長谷川さん、気持ちはわかりますが、これは正しい数値です。私たちも実際に何度も確かめましたから」
「だとしたら、特定のメンバーが悪意を持ってひどい数値を入れたはずです。メンバーが入れた数値を確認させてもらえませんか？」
「そんなことはできませんよ。無理です。誰が何点を入れたかわからないという前提で答えてもらっているのですから」

　長谷川はまだ納得できなかった。自分の中にある怒りを抑えるのに必死だった。
　これは組織に対する悪意を持った行為というのは一目瞭然だ。私のやり方に抵抗するやつらが徒党を組んで1をつけたのだ。でなければ3.5というスコアなど出るはずがない！
　そう考えてみると、ふと思い当たる節があった。
「谷口さんと国本さんか……。彼らならやりかねない……」
　谷口と国本は、最近目標未達が続いており、厳しく指導した

記憶がある。そして、彼らの影響力もそこそこ大きい。

　こう考えると、長谷川は少し気分が落ち着いてきた気がした。
　あの私の指導に対して、落ち度はない。確かに嫌われるかも
しれないが、組織の業績を上げていくためには、避けて通れな
い道だ。
　それで嫌われるのであれば仕方ない。彼らはそれまでの人間
だったということだ。
「やっぱりリーダーというのはなかなか酷な仕事だなぁ……」
　長谷川は谷口と国本の顔を思い浮かべながら、大きくため息
をついた。

「怒り」という度の 強すぎるレンズ

　皆さんも、この事例のように、想定外の結果に「怒り」という感情を覚えたことはあると思います。人間誰しも何かに対して怒ってしまうのは仕方のないこと。

　大事なのは、怒りを覚えた後に、世界を見る目をどう整えていくか、ということにあります。

　長谷川さんは、エンゲージメントスコアの思わぬ下落に我を忘れ憤ります。最後には落ち着きを取り戻したように見えますが、お気づきの通り、その怒りは世の中を見る視線を大きく歪ませることになりました。

　つまり、責任を「谷口さんと国本さん」という外部の特定の存在に押し付け、自分が被害者である、というストーリーを勝手に形成し、悲劇的なリーダーとして世の中を見始めたのです。

　強い目的意識はエネルギーを生み出しますが、一方でその目的が達成できなかった時、「怒り」や「悲しみ」のような大きな負のエネルギーが生じます。

　そして多くの場合、そのエネルギーの矛先が自分に向かうことがないように、防御反応として責任の所在を外部につくるのです。この防御反応こそが、自分の認知を歪めます。

　つまり、長谷川さんは「怒り」によって生み出された度の強いレンズをかけた状態なのです。

　まず長谷川さんは、この度の強いレンズを外す必要があるのは言う

までもありません。

　もしレンズを外すことができなければ、組織の溝はますます深まり、さらに長谷川さんの悲劇的リーダー感は強くなっていく可能性があります。無論、その先に答えはありません。

「withoutジャッジメント」で聴く

　この場合、レンズを外して裸眼で見るということは、どういうことなのか。

　それは、**レンズの原因となったエンゲージメントスコアを一旦忘れて、まっさらな状態でメンバーたちと向き合う、ということです。**

　おそらく、長谷川さんは業績やエンゲージメントスコアという目的に目を奪われていて、メンバーを知覚してこなかったはずです。

　目的意識が強すぎるがゆえに、「この人は業績を上げられる人か？」「この人は組織へのエンゲージメントが高い人か？」というような粗い二元論でしか人を見ていなかったかもしれません。

　彼女からすれば、「1on1をしっかりやっていた」と言いたくなるかもしれませんが、その1on1の時間は単なる業績達成に向けた「あれはどうなった？」「なぜやっていないの？」という進捗確認のための時間になっていた可能性があります。

　少なくとも、メンバーの状態をフラットに知覚するような時間の使い方にはなっていなかったでしょう。

　エール株式会社の代表である櫻井将さんが書いた『まず、ちゃんと聴く。[※1]』では、このような一節があります。

[※1] 『まず、ちゃんと聴く。』櫻井将／日本能率協会マネジメントセンター　P.24 より引用

相手の話に意識的に耳を傾けることが、聴くだと思っている人が多い。しかし、私の定義では、意識的に耳を傾ける＝聴くではない。（中略）

本書では「自分の解釈を入れることなく、意識的に耳を傾ける行為」を聴くと定義する。研修などでお伝えすると、英語のほうがわかりやすいと言ってくださる方もいるので、別の言い方をしておくと「without ジャッジメントで、意識的に耳を傾ける行為」が聴くだ。

知覚的であるためには、この本の言葉を借りるなら「without ジャッジメント」の状態である必要があります。

しかし、長谷川さんは目的意識が強いあまり、常にジャッジしながら人と向き合っていた可能性がある。

ジャッジされながら対話するということは、面接を受けているのと同じような状況です。それでは思ったことを率直に言うこともできず、息苦しさが続くでしょう。

1on1のような機会が増えれば増えるほど、その苦しさは増していたかもしれません。組織の中でエンゲージメントスコアが落ちていたということは、特定の人物の扇動の影響ではなく、長谷川さんの「度の強いレンズ」に対する拒絶だったという見方も十分可能でしょう。

もしそうだとするならば、**長谷川さんは、エンゲージメントスコア改善や業績向上に強烈に囚われた「レンズ思考」を手放すタイミングなのかもしれません。**

そして、数値に追われて慌ただしく行動を繰り返すのではなく、ゼロベースで世の中を知覚する「裸眼思考」を新たにインストールする時なのです。

問いを保留し、記憶する

　もしレンズを手放すことができ、一人ひとりに対して裸眼で接することができたら、おそらく新たな問いが浮かんでくるはずです。

「この人の働くモチベーションはどこにあるのか？」
「この人は、なぜリーダーになることを拒否しているのか？」
「この人が一番成長できる仕事は何なのか？」

　これらの問いは、すぐに答えの出るものではありません。
　本人ですら答えがわからない根源的な問いかもしれません。それに他者がすぐ答えを出せることは少ないでしょう。
　だから、慌ててそこで「この人はこういう人である」というわかったような結論を導くのではなく、その問いを問いのまま保留しておくことが大事です。
　もし、1on1を継続的にやるのであれば、対話の結果浮かび上がってきた「問い」をストックとして残していくことです。無理やり1on1の時間の最後に結論を出すことは避ける。結論を出せば、スッキリして問いの存在を忘れてしまう可能性があるからです。
　そうではなく、問いのまま残して記憶しておく。そして、今後の1on1のタイミングで答えが降りてくるのを待つくらいでいいのです。

　一人ひとりを知覚し、そしてその問いの存在を探究した先に、長谷川さんは「エンゲージメント」という概念の意味がわかるのかもしれません。

その時こそ、エンゲージメントスコアが上がるタイミングなのでしょう。

　少なくとも長谷川さんは、現時点ではスコアが表している「エンゲージメント」の正体や背景がわからないまま、追い立てられるようにスコア競争しているだけなのですから。

　この手の一見わかりやすいスコア競争に放り込まれた時、私たちは競争心を煽られ、度の強いレンズをかけることになります。

　そのタイミングで、自分がレンズをかけているということを自覚し、裸眼になることも選択肢として持てるかどうか、ということが問われるのです。

私たちは竹刀の握り方を変えることができる

　さて、この章では、「転職検討」「ファシリテーション」「アンケート結果」という場面を通じて、「裸眼思考」の具体的な事例を紹介しました。

　それぞれ場面こそ異なりますが、言っていることは同じです。

それは、「私たちは物事のスコープを変えられる」ということ。

　焦点を絞れば、その先の世界の解像度が高くクリアに見えます。しかし、その当てている焦点の場所は本当に正しいのでしょうか？　時として、自分が見ている視界に疑いを持ち、その視界を大きく広げてみることが必要なのです。

　先に引用した谷川嘉浩さんは、同じ文章[※1]にてこうも語っています。

　生きている限り、私たちは否応なく竹刀を握っている。どんな人間でも必ず何らかの見解や見方を持っており、一切の解釈抜きに現実に接することなどできない。ありのままの現実などというものはない。

　しかし、知らずの内に握ってしまっていた考え（竹刀）に振り回されるいわれもない。

[※1]　「プラグマティズム」から考える仮説的思考、あるいは哲学の魔法 | 哲学者・谷川嘉浩　https://desilo.
substack.com/p/yoshihro-tanigawa-pragmatism

私たちは、自分の考えを「仮説」として意識化し、それを操作することができる。科学者が実験をしながら、仮説や実験条件をあれこれいじっていくように、私たちも日常の中で自分のものの見方を操作してみることだ。

･･

　これらの3つの事例は、ある意味で竹刀を強く握りすぎて、竹刀に振り回されていると言えるかもしれません。私たちは、意図を持って竹刀の握り方を変えることができるのです。

企業事例から
見る
裸眼思考

第
2
章

マクドナルド

仮説を捨てて観察せよ

　ここまでは、裸眼思考を個人ベースで活用する事例を紹介してきました。しかし、裸眼思考の活用範囲は個人にとどまりません。企業の意思決定にも活用できます。本章ではいくつかの実際の事例を紹介することで、より幅広い裸眼思考のイメージをお伝えしていきます。

　最初の事例として紹介したいのは、ハーバード・ビジネススクールの教授だったクレイトン・クリステンセン氏が好んで語る、マクドナルドのミルクシェイクの改善事例について [※1] です。

18時間ただ観察する

　マクドナルドは、非常に精度の高いマーケティング組織を抱えています。マクドナルドはそのマーケティング力を生かして、より良いシェイクをつくるために、シェイクの改善プロジェクトを立ち上げました。具体的には、数カ月にわたり顧客に詳細なヒアリングをしたのです。ミルクシェイクを買う典型的な顧客に対して「どんな点を改善すれば、ミルクシェイクをもっと買いたくなりますか？　値段を安くすればいい？　量を多くしたほうがいい？」というような質問をしたのです。そして、その回答を踏まえて、改善を図ったのですが、残念な

[※1]　この事例は古くは2003年出版の『イノベーションへの解』クレイトン・クリステンセン、マイケル・レイナー／翔泳社、新しくは2017年の『ジョブ理論』クレイトン・クリステンセン／ハーパーコリンズ に詳しく書かれているが、本書ではマクドナルドという具体的な企業名を書かず、「ファストフード・チェーン」と記している。しかし、この事例はクリステンセンの鉄板ネタであり、セミナーなどの場では、マクドナルドとしっかり語っている

がら、売上にも利益にも全く効果はありませんでした。

　そこで、プロジェクトに入ったクリステンセンのチームは、全く違うアプローチでこの課題に取り組みました。

　それは、開店から閉店までの18時間、店頭に立って観察する、ということです。

　どうすれば売れるのか、という仮説を持たず、ただ観察することを心がけた結果、1つのことが見えてきました。

　それは、9時前の早朝にシェイクが売れることであり、その顧客の大半は一人乗りの通勤ドライバーであるということです。この顧客に実際にヒアリングしてみた結果わかったことは、「勤務先まで長いドライブを退屈せず、また片手で手軽に飲食できるもの」として、シェイクが選ばれているということ。

　つまり、シェイクは、あっという間に終わってしまうドリンクやバナナに比べて秀でて、ドーナツやベーグルのようにドライブ中の飲食がラクだという点で優れているという理由で、ドライバーに選ばれているのです。

　この顧客にとっては、シェイクの値段や味のバラエティは問題ではありません。それよりも、長く退屈なドライブに応えられる濃厚さや吸いづらさであったり、急いでいる通勤ドライバーを待たせないような提供システムが重要になってくるのです。

　しかし、観察の結果もう1つわかったことは、午後に売れるシェイクは顧客の属性が通勤ドライバーとは異なり、バラバラであることです。つまり、濃厚さや提供システムを変えても、午後の顧客には響かない可能性があるということです。

　データ上では無味乾燥な数字としか捉えられない顧客の存在ですが、観察することによってシェイクを購入する際のストーリーが浮かび上がってきます。

朝、通勤ドライバーとして買った顧客が、夕方は子ども連れでマクドナルドに来ている可能性がある。それは同じ「30代男性」というような顧客属性ですが、午前中と午後ではシチュエーションが異なるため、シェイクに対するニーズは異なるのです。

観察を通じて顧客を知覚せよ

ここから、クリステンセンは、「その人の属性ではなく、その人が抱える用事（＝ジョブ）に着目せよ！」というインサイトに至り、それがやがて「ジョブ理論」という独自のセオリーに昇華されていきます。

ここで注目するべきは、このセオリーの前提には、「観察を通じて顧客を知覚する」プロセスに大きな意味があったということです。

クリステンセンが語っていないのでわかりませんが、おそらく当時のマクドナルドのマーケティングチームには、ミルクシェイクを改善して売上をいくらまで高めるといったような強い目的意識と、今まで散々シェイクを売ってきたことに基づく豊富な知識があったと想像されます。だからこそ、「おそらくシェイクを改善するポイントはここではないか？」という仮説があったはず。

つまり、マクドナルドは、「レンズ」をかけたまま検討していたのです。

これに対して、クリステンセンが出した価値は「裸眼」になったことにあります。

シェイクに関するさまざまなノイズを切り落として、まず顧客そのものを知覚したこと。

ここにブレイクスルーのポイントがあったのでしょう。

解説 ジョブ理論

　ジョブ理論は、本文でも触れた通り、クレイトン・クリステンセンが提唱したセオリーです。

　私たちは、とある商品やサービスに対して責任意識を持つと、その「商品やサービスありき」の視点で物事を見るようになってしまう傾向にあります。

　売上や収益、もしくは顧客数が気になり、いかにしてその商品やサービスを拡散することができるかを考える。これはある意味当然のことでもあります。

　しかし、そこには大きな落とし穴があります。それは、「真の顧客の姿」を見ることができなくなってしまう、ということです。この状態をクリステンセンは「プロダクトのレンズからモノを見ている状態」と表現しました。

　自社プロダクト都合の曇った視界で世の中を見てしまう、ということを、クリステンセンは「レンズをかけている状態 [※1]」と表現したのです。

　そして、プロダクトのレンズを外せないから、顧客のニーズを正確に捉えることができず、結果的にローエンドからくる破壊的技術に負けるのだ、とクリステンセンは見立てました。

　では、プロダクトのレンズを外してどうすれば良いのか？

　クリステンセンは、顧客の「片付けるべき用事（ジョブ）」を見ろと言います。私たちは何かの用事を常に抱えています。先ほどの事例であれば、「出社途上の車内で手軽に長い時間をかけて腹を満たしていく」という用事です。その用事を解消するために、顧客はミルクシェイクを買うのです。ミルクシェイクというのは、用事を

[※1]　ちなみに本書の「レンズ」という表現は、クリステンセンのアイデアから拝借している

解消するために選ばれた手段に過ぎません。その手段を見つめるのではなく、用事そのものに焦点を当てるのです。

では、どうやったら用事を見極めることができるのか？

それはこの事例でも語られた通り、観察をすることです。用事そのものは、顧客本人ですら認識していないことが多いので、第三者が観察して突き止めるしかありません。

「プロダクトのレンズ」を外し、まっさらな状態で、顧客の用事を探ることです。クリステンセンが「ジョブ理論」を語る際、ミルクシェイクの事例をずっと語り続けるのは、おそらく彼が発見した顧客インサイトが、「18時間ずっと観察しなければわからなかった」ことにあるのだと思います。

P&G

顧客の言葉の中に入れ

実際に観察することをプロダクト開発やプロダクト改善におけるプロセスとして設置している組織も多くあります。その中でも有名なのは、P&Gです。

文脈に入り込め

P&Gは「CMK（コンシューマー・アンド・マーケット・ナレッジ）」という組織を持ち、消費者や市場に関する観察を重ね、そこから得られた結果を新商品開発や営業、マーケティングに反映する役割を担っています。

同組織の調査手法としては、統計解析などの「量的調査」だけでなく、「質的調査」を重視することに力点を置いています。トレーニングを受けて観察眼を磨いたCMKの担当者が消費者の言葉の裏側に隠れた本音を「知覚」して、商品に反映していくのです。

つまり、消費者モニターへの単なるアンケートやインタビューではなく、実地に近い環境を再現して消費者の顔色や行動を観察し、そこから示唆を導き出すのです。

ここで重要なのは、CMKの観察者は顧客の言葉（文脈）の中に入り込むこと（インコンテキスト・リサーチ[※1]）を徹底的にトレーニ

[※1]　日経 XTech「消費者の本音は言葉より表情に表れる」2012年6月27日号より引用

ングされているということです。

文脈の内部に入り込むということは、仮説や既存の知識を手放すということと同義です。顧客は、仮説や既存知識を持っていません。だから、顧客の文脈に入り込むためには、自ずと裸眼にならざるを得ないのです。

観察すればいいというわけではありません。変えるつもりのない強い仮説（＝固説）を持ったまま観察しても、見える景色は変わらないからです。

大事なことは、第2部第1章で語った「求心性モード」（感覚器官から脳へボトムアップで情報を伝えるモード）で観るということなのです。

私たちは、プロダクトやサービスに関する意思決定場面で、「レンズ思考」だけを活用していないでしょうか？

必要なのは、それ一辺倒になるのではなく、時に「裸眼思考」のチャネルも活用することです。

この双方の見方を使いこなすことが重要なのです。

パタゴニア

経営者の知覚を
組織に展開せよ

　経営の現場では、経営者が知覚したことが組織にうまく伝えられ
ず、経営と現場が乖離してしまうことがよく起きます。知覚というの
は言語化することが難しく、それがゆえに現場には浸透しにくいので
す。

　この壁をどう乗り越えるのか？　それをパタゴニアの事例[※1]を
通じて考えてみましょう。

地球に優しくなかったコットン

　パタゴニアは、イヴォン・シュイナードによって1973年に創業さ
れたアウトドア用品の企業です。2019年には国連で最高の環境賞「地
球大賞」を受賞するなど、サステナビリティへの取り組みに対して先
進的な企業としてリスペクトされる存在でもあります。

　パタゴニアは、創業当初から環境への配慮とビジネスの両立を考え
ながら商品開発などを進めてきましたが、1980年代後半、大きなジ
レンマに直面することになります。

　それは1988年、ボストン・ストアをオープンさせた時に発生した
とある事件に起因します。その事件とは、スタッフが衣類を棚に並べ

[※1]　パタゴニアの事例は、以下の文献より引用
1)　　『レスポンシブル・カンパニー』イヴォン・シュイナード／ダイヤモンド社
2)　　パタゴニア社ホームページ「私たちはどのようにしてここにたどり着いたのか？：オーガニックコットン」
3)　　ハフィントンポスト2020年3月23日『世界でもっとも「責任ある企業」として知られるパタゴニア。地球の危機に対して、トップランナーはどんな景色を見ているのか？』

た直後に頭痛を訴え始めたこと。その原因は、発がん性物質のホルムアルデヒドのガスでした。衣類の縮みやしわを防ぐために工場がコットン製の衣料品に使った仕上げ剤から発生したのです。この一件から、シュイナードは何の疑いも持たなかったコットンの製造過程の現場に通い、その実態を徹底的に調べます。

その結果わかったことは、ピュアでナチュラルだと思っていたコットンが、その認識とはとてもかけ離れた状態だったことです。化学繊維と比べ、天然繊維であるコットンは当然身体にも地球にも優しいと思われていました。しかし、実態としては植え付けの準備として畑に有機リン系農薬が撒かれ、栽培に大量の化学肥料が使われていたのです。コットン畑は、世界の耕作地のわずか2.5%に過ぎませんが、そこには化学防虫剤の22.5%と殺虫剤の10%もの量が投下されていました。この化学物質漬けとなっていたコットン畑の周囲の排水処理池からは異臭が発生し、薬品に汚染された水は雨により海に流れていきます。つまり、コットンを使うことは生態系を壊すことにつながっていたのです。

オーガニックコットンの導入へ

この状況を知覚したシュイナードは、普通のコットンではなく、農薬や肥料について厳格な基準を元に育てられた「オーガニックコットン」の導入を検討します。最初は無地のTシャツを生産し、他の企業に卸売り販売を開始しました。そして、1994年秋、シュイナードはよりラディカルな意思決定を行います。それは、当時166製品あったパタゴニアのスポーツウェア製品全体を18カ月以内に100%オーガニックコットンに移行する、という決断です。
そしてそれを達成できなければ、パタゴニアのビジネスの3割を占めていたスポーツウェアの販売を停止すると自ら退路を絶ったのです。

しかし、言うまでもなく、この意思決定は簡単なものではありません。これまで完成していたサプライチェーンを短期間で再構築しなくてはならないからです。それまでは工場に発注し、工場が仲介業者からコットンを仕入れるという流れでしたが、工場が自らオーガニックコットンを調達するのは不可能でした。したがって、パタゴニアは有機栽培をしていた少数の農家と直接仕入れの交渉をする必要がありました。さらに、オーガニックコットンは葉や茎が混じり、アブラムシのせいでベタつくために、工場からは設備を汚すと言って嫌がられます。これにも交渉が必要になりました。

たとえ向かうべき方向は良いとしても、冷静に現場のオペレーションを考えれば、旧来型のビジネスのほうがずっと効率的なのです。しかも、顧客は必ずしもオーガニックコットンの製品を望んでいるわけではありません。当然コストは高まりますが、その分顧客が高い金額を支払うかどうかは約束されていないのです。

これだけのことをしても売れなかったらどうなるのか？ こういった数多くの疑念がつきまとい、それはやがて社員からの反発も生み出すことになりました。

社員全員が「知覚」する

これこそが、経営者の「知覚」が現場に浸透せず、乖離してしまった瞬間です。

シュイナードはこのような方向性と効率性の矛盾に直面し、これはパワーポイントのプレゼンテーションでは解決し得ないと判断します。

机上の議論だと、どうしても現場の理屈に負けてしまう。なぜ自分が全てを短期間でオーガニックコットンに変えるべきと考えたのか、その必要性を「知覚」してもらわなくてはならないと考えました。そ

のために、コットン生産の現場に社員が「ロケに行く」という施策を打ち出すのです。

　年に4〜5回行われたロケは社員に大きなインパクトを与えました。コットンの生産現場で嗅いだ悪臭、化学薬品による目のヒリヒリ感、吐き気、そして見ただけで有害さを感じる土の様子……五感を通じて知覚したことの全てが、社員にコットンの限界を感じさせるものでした。

　ロケに参加したある社員はこう語ります。
「それは啓示でした。その瞬間、私は全てがつながっていることに気づいたのです」
　つまり、この社員は現地の状態を見ることによって、自社のやっているビジネスと生態系の連続性、そしてそれが回り回って自分たち一人ひとりの生活へ影響を与えているということを感じることができたのです。
　このコットン畑のロケの体験者が増えるにつれて、パタゴニアの社内で変化が起こり始めます。今まで受け身だったオーガニックコットンへの切り替えがより積極的になり、そしてオーガニックコットンの価値を正規取扱店、顧客に伝えていく独自の取り組みがはじまったのです。この施策の必要性を多くの社員が体感した瞬間、パタゴニアの動きは加速したのです。

　そして、結果的にシュイナードの約束通り、1996年の春夏シーズンの製品ラインでパタゴニアは100％オーガニックコットンへの移行を果たしました。

「知覚の格差」を埋める

　このオーガニックコットンへの移行は、パタゴニアに対して「サプライチェーン変革を通じて地球環境へどう貢献するか」という新しく大きな問いをもたらす機会にもなりました。

　パタゴニアは、この経験を経て、より多くの農家にオーガニックコットンへの移行を奨励するプログラム（コットン・イン・コンバージョン）を策定し、農家や土壌を変えていくことに着手します。

　パタゴニアは、土壌を再建する環境再生型有機農業に取り組むなど、農業を通して地球環境を再生していくことができるのか？　という範囲にまでその問いを広げていったのです。

　この事例は多くのことを教えてくれます。

　私たちにも、1990年代初期のパタゴニアが陥ったように、経営者が理想的な方向性を掲げつつも、現場では現実を目の前に尻込みして、そのモチベーションが大きく乖離してしまう瞬間が訪れるケースが出てくるかもしれません。

　その時に重要になるのは、「ロジックの格差」を埋めるのではなく、「知覚の格差」を埋めるということです。つまり、経営者の行動の原点になった知覚を社員にもしてもらうように工夫すること。

　もしこの「知覚の格差」を埋めることができれば、理屈を超えた実行力を生み出すことができるのです。

　そして、この「組織全体の知覚」というのは、新たな問いと推進力を生み出すということも忘れてはなりません。パタゴニアがこの経験を経て生み出した新たな問いは、いまだ完全な答えが出ていない保留された状況ではありますが、この問いが推進力になっていることは間違いないでしょう。

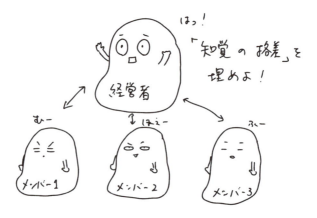

　ロジックだけでなく、五感を伴った「知覚」を組織で共有すること。経営において、この可能性を見直す必要があるのです。

セールスフォース

ビジネスの根幹に「解けない問い」を置け

　それでは本章の最後に、セールスフォース・ドットコム（以下セールスフォース）の事例を通じて、裸眼思考の本質をより深めていきましょう。

SaaSの誕生

　セールスフォースは1999年、当時オラクルにて最年少バイスプレジデントだったマーク・ベニオフが創業した企業です。

　ベニオフは、法人向けのCRM（営業用ソフトウェア）市場のポテンシャルに目をつけます。多くの企業が何らかのCRMを導入していましたが、この導入は当時の企業にとって骨の折れるものでした。

　システム導入に数百万ドルもの初期投資がかかるし、その企業のニーズに合わせたカスタマイズの調整に長期間かかる（下手したら数年かかるものもある）。さらにはメンテナンスのために専門のスタッフも必要になるという、かなりの負荷がかかる状況だったのです。

　一方、売り手であるソフトウェア企業は、企業側にソフトウェアを売り込む際、「熊に出会い、熊を撃て」という比喩で言われるような戦略を採っていました。つまり、顧客に出会ったら、できるだけ短時間でどんな手を使ってでも契約を結んで帰ってくることが良しとされていたのです。そこには、一度契約を結んでしまえばその時点で多額の売上が発生し、それ以降はどれだけ使い勝手が悪くても収益に影響

を与えないというビジネスモデルの前提がありました。

　営業は口八丁手八丁で売りつける、後はカスタマーサポートなど後工程の社員に面倒をみてもらうという「売り切り御免」型のビジネスは、顧客の潜在的な不満の温床となっていました。

　しかし、これだけ厄介なビジネスであったにもかかわらず、市場規模は右肩上がりの成長を遂げていました。決してベストなソリューションではないものの、導入が遅れれば競争劣位につながるということであり、ソフトウェアを駆使することは競争戦略上とても重要なイシューだったのです。

　この右肩上がりの市場ながらそこに内在する不満を「知覚」したベニオフは、テクノロジーを生かして既存のプレイヤーとは全く異なるビジネスモデルでの参入を考えます。それは、ソフトウェアを水道や電気などのサービス[※1]のように提供するモデルです。

　つまり、月額使用料さえ支払えばインターネットを介してサービスが提供され、その他全ての厄介ごとから解放される仕組みです。英語で言えば、Software as a Service、そう「SaaS」型ビジネスの誕生です。

カスタマーサクセスによる成長

　セールスフォースは、このSaaS型ビジネスを導入する際、ビジネスに対する方針を根本的に見直す必要があることを理解します。

　SaaS型ビジネスモデルでは、顧客は月額使用料さえ払えればいいので、導入のハードルはグンと低くなる。しかし、裏を返せば「いつでもキャンセル可能」ということです。したがって、今までのように「導入してもらえれば終わり」ではなく、「導入してからが本番」とい

［※1］『クラウド誕生　セールスフォース・ドットコム物語』マーク・ベニオフ／ダイヤモンド社 より引用

う勝負になったのです。

そのために、当時のベニオフの言葉を借りるならば、「顧客がどれだけ速やかに自身の成功を達成するかで、私たちの成功が決まるようにする必要があった」のです。ベニオフの「知覚」からスタートしたセールスフォースは、顧客の成功に寄り添うための理念として「カスタマーサクセス（＝顧客の成功)」という言葉を生み出します。

従来あった「カスタマーサポート」に対して、「カスタマーサクセス」という言葉は、積極的な意味を持ちます。この言葉は顧客のビジネスが成功するまで寄り添うという意思の表明であり、顧客が成功しない限りはサービスが終わらないからです。そういう意味で、「カスタマーサクセス」を掲げるセールスフォースのビジネスは、かなり達成難易度が高く長期的なビジネスモデルとなるのです。

このカスタマーサクセスというコンセプトによって、セールスフォースは成長を続けました。顧客を知覚し、その知覚に応える過程でサービスレベルは高度化し、そして新たなビジネスを生み出すきっかけになっていったのです。

メリルリンチの「事件」

しかし、2013年、このセールスフォースの原動力となっていたカスタマーサクセスに綻びが発見されます。重要顧客であるメリルリンチから、セールスフォースのサービスに対する不満と、その不満を解消しない限り契約を終結するというショッキングな事実を言い渡されたのです[※1]。

カスタマーサクセス部隊がありながらも、なぜこのような状態に陥ってしまったのか？　その事実を受けて、改めて丁寧にメリルリンチ

[※1] 『トレイルブレイザー　企業が本気で社会を変える10の思考』マーク・ベニオフ／東洋経済新報社 より引用

にインタビューをしても、出てくるのは細かな改善要求ばかり。

しかし、ベニオフはその改善要求のリストを眺めて、そのアプローチそのものが「カスタマーサクセス」から乖離していることに気づきます。これらを全て解決したところで、メリルリンチの成功とはならなかったのです。

それは、メリルリンチとセールスフォースの双方において、いつの間にか対話のスコープが矮小化された結果引き起こされたことでした。つまり、双方の担当者ともに「セールスフォースのサービスを前提にした」やりとりとなっていたのです。

この落とし穴の存在に気づいたセールスフォースは、目の前の小さな問題をチェックリスト的に片付けて満足するのではなく、より俯瞰的な視野に立ち、その背後にある語られない大きな問題にアプローチする重要性を学びます。そして、カスタマーサクセスの手順を、顧客の最終目標（＝成功）から逆算して対処する方式に転換を図るのです。

問いを保留・記憶せよ

このメリルリンチの事例からは、裸眼思考におけるステップ2の「保留」、およびステップ3の「記憶」に関する示唆を得ることができます。

この事例の本質は、組織が掲げていた問いを保留・記憶できなかったことにあるからです。

ではその問いとは何か？

それは「クライアント企業にとっての成功とは何か？」という問いです。

この問いに答えることはとても難しいものがあります。成功という言葉が抽象的であること。そして、クライアントの置かれた環境も違

えば、企業の成長ステージも違うために、成功の定義がとても流動的であることです。

　抽象的で流動的な問いに対して、セールスフォースのメンバーたちは、答えを出しきれない状態を保留しながら、問いを忘れないようにしなくてはなりません。

　しかし、問いの保留と記憶ということが、この現場の中ではとても難しいことは想像できるでしょう。そんな「抽象的で流動的な概念」に向き合うよりも、「具体的で固定的なタスク」に落とし込んだほうがわかりやすいからです。

　実際にメリルリンチとの間で起きたことは、その具体性や固定性の引力に負けてしまったことに起因します。

　言い方を変えれば、現場が問いを保留、記憶できなかったのです。

解けない問いを再定義する

　このメリルリンチでの一件から得たカスタマーサクセスの転換を、ベニオフは後日このように語ります。

　「この発想転換がどれほど重要であるかは、強調してもしきれないほどだ。どのような企業でも、顧客がこのくらいはいけると思っている以上の成功をもたらす機能を顧客に提供することができる。そのためには熊を撃つのをやめて、顧客が本当に必要とすることに耳を傾けなくてはならない」

　セールスフォースの「カスタマーサクセス」のように、多くの企業には理念やパーパスのような重要で抽象的な概念が存在します。それは、経営者の「知覚」によって引き出された、壮大な「問い」です。

　しかし、多くのケースでは、その問いは形骸化し、放置されていま

す。目の前にある「熊を撃つ」というわかりやすいタスクの引力に負けてしまっているためです。

壮大な問いには、すぐに答えを出すことはできません。「クライアントであるメリルリンチはどうなったら成功すると言えるのか？」と問われても、即答できることはないでしょう。しかし、答えられないからと言って、答えなくていいというわけではないのです。

その問いを宙ぶらりんの状態でしっかり保留し、記憶しておく。

その状態で保持するからこそ、目の前の顧客を再度しっかり「知覚」しようという、裸眼思考のサイクルが再び回り始めるのです。

なお、このベニオフの気づきは、セールスフォースを飛躍させるドライバーとなりました。CRM からスタートしたセールスフォースは、今や e コマースの支援や人材育成ツール、AI を通じた分析ツールから Slack に至るまで、ありとあらゆるサービスを網羅する企業となりました。セールスフォースは何屋なのか定義することすら難しい状態になっていますが、その背景には、この問いの力があります。

つまり、ビジネスの根幹に「カスタマーサクセス」という解けない問いを再定義した途端に、目的と手段の関係性が変わるのです。

カスタマーサクセスを掲げると、CRM というサービスはあくまでも手段となり、「顧客の成功」という難題を解くことこそが最も重要な目的となります。そして、その難易度の高い問いが目的となる以上、常に顧客を「知覚」し、その知覚に適した手段を提供せざるを得ません。

CRM だけではカバーしきれない経営指標分析や従業員エンゲージメント向上などの顧客課題に対して、新たなソリューションが次々と必要となるのです。

　もし今後もセールスフォースがカスタマーサクセスを掲げ、問いを保留する限り、同社のビジネスモデルはいつまでも変わり続けます。顧客の成功に向けた課題が変わり続ける限り、セールスフォースの提供するビジネスもそれとともに流動的に変わり続けるということなのです。

　皆さんの組織には、解けないまま保留している「問い」はあるでしょうか？　そして、その「問い」は放置されずに、記憶されて生きているでしょうか？

　セールスフォースが犯した小さな失敗とそこからの再成長は、私たちに問いを宙ぶらりんにする重要性を教えてくれるのです。

おわりに

　本書の最後に、私が『裸眼思考』を書きながら思い返していたエピソードを紹介したいと思います。

　それは小学校の美術の授業で、河原に行って、風景を写生した時の苦い思い出です。

　先生は、事前に過去の入賞作品を見せてくれました。
　そして、構図のイメージと遠近法の作り方、スケッチの仕方と絵の具の使い方、筆の使い方などを丁寧に教えてくれました。
　あとは、どれだけ手先を器用に動かして、それを再現できるのか……。

　元々手先がそれほど器用ではなかった私は、そのような正解イメージが決まっている中での勝負には乗りたくありませんでした。
　それよりも、自分が見た世界をそのまま表現させてほしい。
　世界の切り取り方で勝負したい。
　そんな思いが強くあったのです。

　そのようなモヤモヤとした思いを抱えながら河原に座っていた時、私の目の前の草むらにバッタが止まった瞬間がありました。
　そのバッタの表情とバッタ越しに見えた歪んだ一瞬の景色。
　これだ。
　私はその刹那を切り取って表現しました。

　しかし、残念ながら、先生からの評価はあまり芳しいものではあり

ませんでした。

　先生からのコメントは、「あの川の先の家はもっと小さく描いた方が遠近法的に正しいです」、さらに「あの家は遠くでそんなにはっきり見えないから、ぼやかしたほうが良いでしょう」といったものだったと記憶しています。

　確かに、先生の目であの家を見ればその通りなのかもしれません。
　しかし、あのバッタが止まった瞬間、私の目にあの家は大きくはっきり見えたのです。

　あの絵は一般的な視点で言えば下手な作品だったでしょう。
　自分の目で見ても、イマイチなのはよくわかっていました。筆使いや色使いは救いようがないほど下手だった。
　だから、それに対しての指摘ならばわかります。

　しかし、他者に、その瞬間私の視界に捉えた世界を否定されるいわれはない。
　他者には私の視界は見えないのだから。

　内心でそんなことを思うとともに、そこから美術という科目に対して幻滅してしまったことを覚えています。
　（その結果、私は写実的に絵を描くことを諦め、本書に描いたような脱力系イラストの世界に入っていくのですが）

　やがて、私は大人になりました。
　社会に出て、いろいろなことを学んでいきます。
　大事なことは、目的意識を強く持つこと。
　何を成し遂げるのかという目的をしっかり理解し、その目的から逆算して、目的に資する行動をすることが正しいということ。

そして、知識をしっかり獲得すること。

過去の事例を踏まえて、目的を実現するために、どんな行動が適切なのかを判断していくこと。

こんなことを急速に学習していきます。

「目的」と「知識」。

この２つの重要さを理解した私は、住友商事からグロービスへと転職し、そして会社の成長とともにその仕事の範囲を大きく広げていきました。

しかし、ふと何かが欠けていることに気づく瞬間が訪れます。

そのミッシングピースは、「今この瞬間を見つめる視線」でした。

将来実現する「目的」、過去に得られた「知識」。

私はこの２つの引力に引っ張られて、ストレッチしてきました。

しかし私には、「今この瞬間」というものが欠けていたことに気づくのです。

美術の時間で言えば、今目の前に広がる景色を自分の目で見ることなく、好成績を取るという「目的」から逆算し、そのために必要な「知識」を駆使して、それらしいスケッチばかりをしていた……ということに置き換えられるでしょう。

あの美術の時間では、私は、ちゃんと目の前の景色を見ていました。

遠近法などの知識に左右されずに、その時に私の目にしか映らない景色を見て、それを真正直に描こうとしていた。

それはものすごく無骨で下手な絵でしたが、「今この瞬間」を見ていた。

私は、この本を書きながら、あの河原で自然と「裸眼思考」を駆使していた過去を今更ながらに思い出しました。

「レンズ思考」は新たに身につけるスキルですが、「裸眼思考」は既に私たちが持っていて、成長とともにどこかに忘れてしまったものなのです。

だから、記憶を呼び戻して、その感覚の使い方を再現していけばいい。本書ではいろいろなアプローチを紹介しましたが、本質的に難しいことはありません。

　本書を通じて、誰もがかつては味わっていた「裸眼」で世の中を見つめる楽しさを思い出してほしい。そしてその古くて新しいこの世の味わい方を自分に取り戻していただければそれに優ることはありません。

　本書の編集を担当いただいたかんき出版の谷内志保さんとのお付き合いは数年にわたります。

　あれは2021年のこと。谷内さんから企業の意思決定について書いてくれないかという執筆のご相談をいただいたことで、プロジェクトがスタートします。そして、一年かけて執筆し、2022年の春に原稿を納めました。出版日が決まり、ゲラまで仕上がり、いよいよ出版……というタイミングです。

　その段階で、私はその内容に納得できず、書いた原稿を全てボツにして、出版を取りやめてもらったのです。

　何が納得できなかったのか。

　それは、その執筆内容がまさに自分自身が限界を感じていた「レン

ズ思考」的なものだったからです。

　私の心の中には、今まで散々語られてきた「レンズ思考」的な意思決定モデルではない、違う可能性があるはずだ、という思いが暗黙のうちに醸成されていました。本来はもっと早い段階で自覚すべきだったのですが、ゲラを自分で読んだ瞬間に、「自分が今伝えるべきメッセージは別にある」ということに気づいてしまったのです。

　当然のことながら、それは谷内さんや出版社に大きなご迷惑をおかけすることになります。しかし、「この先に良いメッセージが出るのであれば」ということで快くご理解いただいたのでした。

　そこから、内容をゼロベースで見直し、少なくとも2〜3回はこの企画そのものを断念しようと考え、ようやくギリギリのところで踏ん張って企画書を作り直して今に至ります。
　その長い過程を経て、おそらく内容は当初のボツ原稿から180度変わったと言っても過言ではないでしょう。

　そういう意味では、この本ができたのは、あの時、私のわがままな結論を認めてくださった谷内さんによるものです。谷内さんには感謝の気持ちしかありません。改めてこの場をお借りしてお礼を申し上げます。

　また、この原稿の第一読者となり、陰ながら多くのアドバイスをくれた株式会社フライヤーの久保彩さんにも感謝を申し上げます。

最後に、日頃から私を支えてくれている妻の昌子と、息子の創至、大志にも感謝しています。このメッセージが、やがて彼らの気づきになる日が来ることを願っています。

――荒木博行

【著者紹介】

荒木　博行 （あらき・ひろゆき）

● ──株式会社学びデザイン 代表取締役

● ──武蔵野大学アントレプレナーシップ学部教授

● ──住友商事、グロービス（経営大学院副研究科長）を経て、株式会社学びデザインを設立。株式会社フライヤーなどスタートアップのアドバイザーとして関わる他、武蔵野大学アントレプレナーシップ学部、金沢工業大学大学院、グロービス経営大学院などで教員活動も行う。

● ──音声メディアVoicy「荒木博行のbook cafe」、Podcast「超相対性理論」のパーソナリティを務めるとともに、株式会社COASにおけるホースローグのプログラムディレクターや一般社団法人うらほろ樂舎でラーニング・デザイナーも務める。

● ──著書に『見るだけでわかる! ビジネス書図鑑』シリーズ（ディスカヴァー・トゥエンティワン）、『世界「倒産」図鑑』『世界「失敗」製品図鑑』（ともに日経BP）、『自分の頭で考える読書』（日本実業出版社）、『藁を手に旅に出よう』（文藝春秋）、『独学の地図』（東洋経済新報社）などがある。

裸眼思考

2024年 9 月17日　　第 1 刷発行

著　者 ── 荒木　博行

発行者 ── 齊藤　龍男

発行所 ── 株式会社かんき出版
　　　　　東京都千代田区麹町4-1-4 西脇ビル　〒102-0083
　　　　　電話　営業部：03(3262)8011㈹　編集部：03(3262)8012㈹
　　　　　FAX　03(3234)4421　　　　　振替　00100-2-62304
　　　　　https://kanki-pub.co.jp/

印刷所 ── ベクトル印刷株式会社

乱丁・落丁本はお取り替えいたします。購入した書店名を明記して、小社へお送りください。ただし、古書店で購入された場合は、お取り替えできません。
本書の一部・もしくは全部の無断転載・複製複写、デジタルデータ化、放送、データ配信などをすることは、法律で認められた場合を除いて、著作権の侵害となります。
©Hiroyuki Araki 2024 Printed in JAPAN　ISBN 978-4-7612-7760-4 C0034